世界名人非常之路

安徒生

从穷孩子到童话大师

刘亚伟◎编著

中国社会出版社
国家一级出版社 · 全国百佳图书出版单位

“世界名人非常之路”编委会

写在前面的话

著名学者培根说："用伟大人物的事迹激励我们每个人，远胜于一切教育。"

的确，崇拜伟人、模仿英雄是每个人的天性，人们天生就是伟人的追星族。我们每个人在追星的过程中，带着崇敬与激情沿着伟人的成长轨迹，陶冶心灵，胸中便会油然升腾起一股发自心底的潜力，一股奋起追求的冲动，去寻找人生的标杆。那种潜移默化的无形力量，会激励我们向往崇高的人生境界，获得人生的成功。

浩浩历史千百载，滚滚红尘万古名。在我们人类历史发展的进程中，涌现出了许多可歌可泣、光芒万丈的人间精英。他们用挥毫的笔、超人的智慧、卓越的才能书写着世界历史，描绘着美好的未来，不断创造着人类历史的崭新篇章，不断推动着人类文明的进步和发展，为我们留下了许多宝贵的精神财富和物质财富。

这些伟大的人物，是人间的英杰，是我们人类的骄傲和自豪。我们不能忘记他们在那历史巅峰发出的洪亮的声音，应该让他们永垂青史，英名长存，永远纪念他们的丰功伟绩，永远作为我们的楷模，以使我们未来的时代拥有更多的出类拔萃者，以便开创和编织更加绚丽多姿的人间美景。

我们在追寻伟人的成长历程中会发现，虽然每一位人物的成长背景各不相同，但他们在一生中所表现出的辛勤奋斗和顽强拼搏精神，则是殊途同归的。这正如爱默生所说："伟大人物最明显的标志，就是他们拥有坚强的意志，不管环境怎样变化，他们的初衷与希望永远不会有丝毫的改变，他们永远会克服一切障碍，达到他们期望的目的。"同时，爱默生又说："所有伟大人物都是从艰苦中脱颖而出的。"

伟大人物的成长也具有其平凡性，关键是他们在做好思想准备进行人生不懈追求的过程中，从日常司空见惯的普通小事上，迸发出了生命的火花，化渺小为伟大，化平凡为神奇，

写在前面的话

获得灵感和启发，从而获得伟大的精神力量，去争取伟大成功的。这恰恰是我们每个人都要学习的地方。

正如学者吉田兼好所说："天下所有的伟大人物，起初都很幼稚而有严重的缺点，但他们遵守规则，重视规律，不自以为是，因此才成为一代名家，成为人们崇敬的偶像。"

为此，我们特别推出"世界名人非常之路"丛书，精选荟萃了古今中外各行各业具有代表性的名人，其中包括政治领袖、将帅英雄、思想大家、科学巨子、文坛泰斗、艺术巨匠、体坛健儿、企业精英、探险英雄、平凡伟人等，主要以他们的成长历程和人生发展为线索，尽量避免冗长的说教性叙述，而采用日常生活中富于启发性的小故事来传达他们成功的道理，尤其着重表现他们所处时代的生活特征和他们建功立业的艰难过程，以便使读者产生思想共鸣和受到启迪。

为了让读者很好地把握和学习这些名人，我们还增设了人物简介、经典故事、年谱和名言等相关内容，使本套丛书更具可读性、指向性和知识性。

为了更加形象地表现名人的发展历程，我们还根据人物的成长线索，适当配图，使之图文并茂，形式新颖，设计精美，非常适合读者阅读和收藏。

我们在编撰本套丛书时，为了体现内容的系统性和资料的翔实性，参考和借鉴了国内外的大量资料和许多版本，在此向所有辛勤付出的人们表示衷心谢意。但仍难免出现挂一漏万或错误疏忽，恳请读者批评指正，以利于我们修正。我们相信广大读者通过阅读这些世界名人的成长与成功故事，领略他们的人生追求与思想力量，一定会受到多方面的启迪和教益，进而更好地把握自我成长的关键，直至开创自己的成功人生！

安徒生

人物简介

名人简介

汉斯·克里斯蒂安·安徒生（Hans Christian Andersen，1805～1875），丹麦作家、童话大师。

安徒生生于丹麦费恩岛欧登塞的贫民区。父亲是个穷鞋匠，曾志愿服役，退伍后于1816年病故。当洗衣工的母亲不久即改嫁。

安徒生从小就为贫困所折磨，先后在几家店铺里做学徒，没有受过正规教育。在少年时代，安徒生就对舞台发生兴趣。

1819年，安徒生在哥本哈根皇家剧院当了一名小配角。后因嗓子失润被解雇，从此开始学习写作。

1822年，安徒生得到剧院导演约纳斯·柯林的资助，就读于斯拉格斯的一所文法学校。这一年他写了《青年的尝试》一书，以威廉·克里斯蒂安·瓦尔特的笔名发表。

1827年，他发表第一首诗《垂死的小孩》。1829年，安徒生进入哥本哈根大学学习。他的第一部重要作品《1828年和1829年从霍尔门运河至阿迈厄岛东角步行记》于1829年问世。这部游记的出版使安徒生得到了社会的初步承认。此后，他继续从事戏剧创作。

1831年，安徒生去德国旅行，归途中写了旅游札记。1833年，他去意大利，创作了一部诗剧《埃格内特和美人鱼》和一部以意大利为背景的长篇小说《即兴诗人》。

小说出版后不久，就被翻译成德文和英文，标志着安徒生开始享有国际声誉。童话代表作有《海的女儿》《丑小鸭》《卖火柴的小女孩》等。

1875年8月4日11时，安徒生因肝癌逝世于朋友的乡间别墅。丧礼备极哀荣，享年70岁。

安徒生

成就与贡献

在世界文学史上，安徒生是第一个自觉地把童话的娱乐作用和教育作用紧密结合起来，并明确提出要用童话来争取新的一代的伟大作家。

正因为安徒生能把童话意义提到这样的高度，所以他才能远远超出以往童话作家们那种只是收集、整理和加工民间故事的做法，独立地“用一切感情和思想”来创作童话，使其童话创作无论从思想的深刻、艺术的高超，还是从题材的广泛、影响的巨大等方面，都取得了空前的成就。

地位与影响

安徒生一生坚持不懈地进行创作，把他的天才和生命献给“未来的一代”，直至去世前 3 年，共写了 168 篇童话和故事。安徒生的作品被译成 80 多种语言文字。

安徒生以诗意而又幽默的笔调，改变了现代童话的面貌，并开启了创作童话的先河。最可贵的是，安徒生的作品中闪耀着普遍的人性的光辉，超越了不同国家、种族与文化，因此历久弥新，被世界各地的人们反复传诵。

安徒生童话所取得的巨大艺术成就和思想成就，至今无人能够企及。

目录

安徒生

幸运坎坷的童年

追求梦想的历程

求学的曲折之路

目录

旅行成就的诗人

创作不朽的童话

辉煌时代的来临

附　录

幸运坎坷的童年

一个人有了远大的理想，就是在最艰苦的时候，也会感到幸福。

——安徒生

从小爱哭的孩子

1805 年，在丹麦恩岛上的欧登塞城中，一个家境贫寒的鞋匠汉斯·安徒生，和一位比自己大几岁的洗衣妇安娜·玛丽亚结了婚。

欧登塞是丹麦的第三大城市，坐落在西兰岛和鸭脖子形状的日德兰半岛之间的费恩岛上。据传说，这儿从前是欧登国王的城堡。有一天早晨，王后往窗外眺望，见远处过去没有房子的地方，现在屋顶鳞次栉比。她喊道："欧登，快来看！"于是，这座城池就取名欧登塞。

此时，汉斯·安徒生尚不足 22 岁，已显露出具有诗歌方面的天赋灵性。妻子有一颗充满爱的心灵，对身外的世界一无所知。在婚前不久，年轻的修鞋匠建了作坊和婚床。床架上残留的黑布提醒人们，在这张木制的床架上，不久前还停放着病逝的特兰普伯爵的灵柩。

1805 年 4 月 2 日，就是在这张床上，一个婴儿出生了。他大声啼哭着，仿佛抗议着上帝将天使打落到人间。教士安慰惶恐的母亲说："小时候哭声越大，长大后就越聪明。"

安徒生出生那一年，欧登塞城里有居民 5000 多人，包括各阶层的人士：贵族、军官、公务员、商人、手艺人、挖土工、洗衣妇。居民的大多数是下层的贫苦市民。

在城里的主要地区，有两幢壮观的市政厅大楼，一所历史悠久的文法学校，一座 1795 年盖起的剧院，一座 1720 年建造的皇家城堡。那些脏乱的后街和小巷里，住着许多贫苦的老百姓：裁缝、鞋匠、泥瓦工、洗衣女、临时工、流浪者。谢雷兄弟医院附属的济贫院，已是人满为患。许多无粮下锅、走投无路的父母们，纷纷打发自己的孩子沿街乞讨。

果然，正如教士所言，多年后，这个爱哭的天使向全世界展现了他的聪明才智，就连圣诞老人也不会比他更有名气。他的名字，就是汉斯·克里斯蒂安·安徒生。

汉斯虽然手巧，却不是一个高明的鞋匠，他从事这行完全是迫于生计。他那双善于制造奇妙玩意儿的手，在被生活所迫，每次不得不拿起做鞋的锥子和锤子的时候，他感觉便像灌了铅似的沉重。

鞋业行会没有发给汉斯鞋匠执照，所以他只能靠小修小补来维持生活。在这个狭小昏暗的屋子里，为了增加光线的亮度，汉斯·安徒生在身边放了一个盛满水的玻璃球。那玻璃球的亮光，带给了他一幅又一幅充满想象力的梦想画卷，以至于活计常常从他的手里掉下来。

自身的经历，坚定了汉斯一定要送儿子小安徒生去读书的决心。

在安徒生生下来之后的头几天里，每当他不停地尖声哭叫，爸爸就会以玩笑的方式要求婴儿，“孩子，要么你就睡觉，要么你就安静地听。”可安徒生还是哭喊个没完没了。

后来，安徒生的父亲发现，每当听到一个奇怪字，安徒生就会莫名其妙地停止哭泣。父亲总是看着在妻子怀中的儿子，他是在奇怪这个孩子为什么总是哭。

有的时候，父亲会拿起一本书对安徒生说：“嘿！儿子，我给你念首诗，你还哭吗？”

于是他就给安徒生朗诵丹麦著名诗人霍尔堡的诗，可是朗读诗不仅不能够终止安徒生的哭声，反而使他哭得更厉害。这时，父亲突然说，照你这个哭法，将来一定会是一个歌唱家。说来也奇怪，就这么一句话，安徒生就不哭了。

小安徒生爱哭，即便到教堂受洗，也是哭得震天响，这使得牧师禁不住大声说：“这孩子的哭声简直像猫的尖叫！”为此，妈妈始终不能原谅那位牧师。

幸好有戈马德，他是安徒生的教父，一位法国的穷移民。教父安慰母亲说，像他这样哭的小孩，会随着年龄的增长，歌越唱越好听。

安徒生一家都虔诚地信奉基督教，所以每个周末全家人都要到教堂去。那个时候，教堂是整个欧登塞市唯一神圣的地方，当大家都在祷告的时候，在教堂角落里玩耍的安徒生会突然莫名其妙地大哭起来，扰得做礼拜的人不能正常进行。

这个时候，妈妈就会额头上渗出汗水，然后跑过来顺手打安徒生几下。可是越打，安徒生就哭得越厉害，而且越哭声音越大。

这时，牧师就会走过来，笑着对孩子说："嗯！太好了，小孩的哭声越大就说明他的嗓门越大，说明他长大了会做一个歌唱家。"说来也奇怪，只要一说到"歌唱家"，安徒生就会停止那毫无原因的哭泣。

安徒生 3 岁的时候，就表现出了非凡的歌唱天赋，他连说话还都不怎么清楚的时候，可是他已经能唱很多首故乡的歌，而且唱得有声有色。

有一天黄昏，太阳落山的时候，小安徒生和妈妈一起走在欧登塞街上。就在这个时候，春风刮了过来，安徒生高声地唱了起来，他那美丽的歌声吸引了很多人。

恰好，一个在此地的指挥家听到了这童声的歌唱，他被安徒生嘹亮的歌声吸引，禁不住停止了脚步，走过来摸了摸安徒生的头，对他说："好好唱吧！你很有天赋，你一定是一个歌唱家的材料。"

从此之后，安徒生就固执地认为自己一定会成为一个歌唱家，而且是一个全世界最好的歌唱家。

深受父亲的启蒙教育

安徒生的家庭很贫困，一家人常常为了生计问题而愁眉不展，安徒生在贫困和孤寂中度过了自己的童年。

安徒生的父亲小时候渴望上学念书。他乞求父母把他送到拉丁学校去学习，但父母觉得家里太穷，实在负担不起这所学校的学费，只让他到一所慈善学校念了点书，便叫他当了一名鞋匠，靠这门手艺来挣一碗饭吃。

安徒生的父亲并没有把心思放在鞋匠手艺上。他干鞋匠活时，两手显得那么笨拙，但为儿子做起玩具来，那双手却灵巧极了。他给儿子做望远镜、玩偶舞台、拉洋片的可变换的图画等。他特别喜欢给小安徒生读他收藏的霍尔伯格的剧本和《阿拉伯故事集》等书。他一读起书来，什么愁苦的事儿都可以忘在脑后。

他一生没有什么欢乐可言，只有跟儿子在一起玩耍、读书，才感到无限的快乐。

父亲把一切希望都寄托在独生儿子的身上。他对安徒生说："我的命苦，没有得到念书的机会，你一定要有志气，要争取学些文化，使自己成为有知识的人。"

没有正规地上过学，这一直是安徒生的父亲的一块心病。有一次，拉丁学校的一个小学生到他家来让他做一双新鞋子。在他给那小学生量尺寸时，这位小学生把书包里的书拿给安徒生看，告诉他在学校里都学些什么。这时，小安徒生无意中看了父亲一眼，奇怪地发现父亲眼里噙着泪水。

等那个小学生走了，父亲对小安徒生说："孩子，你听着，等你长大了，一定要有一股子顽强劲儿，不要怕穷怕苦，要不顾一切地奔一个目的：念书！我可是没有这个机会了。你就沿着这条路向前奔吧！”

父亲在贫困的生活环境中，没有忘掉对安徒生的启蒙教育。在他家那唯一的一间狭小的房子里，只有一张做鞋用的工作凳、一张用棺材架改装的床和安徒生晚间用来睡觉的一条凳子。父亲却为儿子布置了一个艺术的环境：墙上挂了许多图画和装饰品，柜子上摆了不少玩具。工作凳旁还有一个矮书桌，上面放有书籍和歌谱，门上贴着一幅风景画。

通过厨房的梯子可以到达屋顶，与邻居家之间隔着的排水沟有个土箱子，里面种着香葱和西芹，这就是安徒生妈妈的小菜园，这同时也给童年的安徒生带来了无限的想象空间。在无法拥有花园的贫苦童年里，安徒生靠这个蔬菜箱子，编织着五颜六色的梦想。

后来，安徒生的童话《白雪皇后》里长着茂盛植物的大匣子，就来源于童年时母亲的这个蔬菜箱子。

父亲常在劳动之余，会抽时间陪安徒生玩。为了排解儿子的寂寞，他常常给安徒生讲一些《一千零一夜》中的古代阿拉伯的传说。

有时，为了调节一下气氛，父亲还特地给小安徒生念一段丹麦著名喜剧作家荷尔堡的剧本，朗诵莎士比亚戏剧中的章节。这些剧本里的故事启发了安徒生，他经常把大人们讲的故事，通过自己的设想演绎成新的故事。

但这还不能让安徒生感到满足，父亲就用破碎的布片给木偶缝制小衣服，把它们打扮成讨饭的穷人、没人理睬的穷小孩、欺压百姓的贵族和地主等，并根据自己的实际生活体验编起木偶戏来。

为了扩大孩子的眼界，丰富孩子的精神世界，父母亲同意并鼓励安徒生到街头去看油嘴滑舌的生意人、埋头工作的手艺人、弯腰曲背的老乞丐、坐着马车横冲直撞的贵族和伪善的市长、牧师等人的生活，获得各种感性的经验。

安徒生是独子，因此深受宠爱。妈妈总跟安徒生说，他比自己小时候幸福多了，好像是当成贵族的孩子来抚养的。安徒生妈妈小时候，外公、外婆赶她出去乞讨。她不能这么做，就坐在欧登塞一条河的桥下哭了一整天。

父亲凡事都顺着孩子，小安徒生占据了他的整个身心，他活着就是为了孩子。于是，所有的星期天，他都要花整天的时间给安徒生做玩具和图画。在安徒生的记忆里，只有在这样的时候才能见到父亲的笑容，因为作为一个手艺人，他从未真正感到过快乐。

幼小的安徒生最常去玩的地方是他家房后的一片场地，他管那儿叫作他家的公园。虽然那儿只有一些篱笆和几株醋栗树，可是他用母亲的一条围裙拉开当作帐篷，架在醋栗树和篱笆之间，就变成了一个帐篷。他坐在这“帐篷”里倾听鸟儿的悦耳歌唱，凝视太阳照射下的树叶和天上慢悠悠漂浮着的美丽云彩，可以坐上好长的时间。

稍远一点有一条小河，河边上有一座水磨坊。水磨的轮子“哗啦哗啦”响，他从“帐篷”里听得很清晰，由此产生许多美丽的遐想。那座水磨坊现在还保存在原地，去安徒生故乡参观的游客，总要去亲眼看一看这个曾经给安徒生幼小心灵刻下深刻印记的地方。

那条小河的两岸，有一座小桥相通。小河那边，柳树、牛蒡丛生，小安徒生有时也到那边去玩。那儿的草地上，有几个小洞。在他的想象中，里面说不定住着树精或者妖怪。那儿还有一汪汪水洼，那是蟾蜍活动的世界，它们在水里嬉戏玩耍，活泼得很。水洼里不断冒出一个个水泡，像是许多闪闪烁烁的星星。

再往前走，远一点的地方出现一片薄雾弥漫的荒野，在夏天的早晨或傍晚，给人一种特别神秘的感觉。这片荒野是鹳鸟出没的地方。在鸟类中，鹳鸟是安徒生最好的朋友。他后来发现，自己身子瘦削，背微微弯曲，两腿细长，不长久待在一个地方，这跟鹳鸟颇有点相似。

小安徒生常想，鹳鸟都说些什么话呢？他去问父亲。

父亲想了想说："想必是说埃及话吧，因为它们在炎热的国度，在金字塔附近过冬，不会说埃及话怎么行呢？"他摸摸脑袋，又补充说："当然，它们也应该会说丹麦话。你看，天气一暖和，它们就飞回来，和这里的人们在一起。"

它们来回飞过大海，在海上还不能停下来休息，真有本事。安徒生觉得，它们每年都到那么远的地方去旅游，一定很长见识。

安徒生 4 岁的时候，丹麦和法国、西班牙是盟国，有一支法国军队和西班牙援军取道费恩岛去瑞典。欧登塞街上全是法国兵和西班牙兵。其中有许多熙熙攘攘的棕黑色人群，他们摊开手躺在人行道上和圣约翰教堂的草坪上。

欧登塞的学校几乎成了兵营。他发现，法国兵傲慢自大，西班牙人却温和友好。在街上，他见一个西班牙士兵解开外衣纽扣，拿出一个小十字架上的圣像，虔诚地吻了吻。幼小的安徒生从来没有看见过这种事情，感到挺奇怪。

他走到那个士兵跟前，问他干吗吻那东西。那个士兵很和蔼地给他做了解释。

"让我吻一下，可以吗？"小安徒生问。

"你是个好孩子，可以吻。"那士兵说。

小安徒生回到家里，把吻了西班牙士兵的圣像的事告诉他母亲，母亲感到很伤心，生气地告诉他那士兵是天主教徒，而他们家是路德派教徒，这样做是丢脸的事，叫他以后别干这种傻事了。这事儿在安徒生心灵上打下了深深的烙印，好多年以后他想起这件事，还专门写了一首题为《士兵》的小诗。

安徒生的祖父在乡下时，家境还不错，但是后来很多不幸的事情接踵而来：牛死了，农场烧了，最后祖父也疯了。

他走起路来摇摇晃晃，就像在水里行走，不知该把脚踩到哪里似的。他像瞎子走路一样，不看四周，只顾走自己的路，但他的眼睛并不瞎。他在街上找一个地方坐下来，拿出随身带的一截截木头，用灵活的手指使着一把小刻刀，刻出一些奇怪的动物，像狮身鱼头动物啦，鱼身狮面的动物啦，长翅膀的四脚动物啦……

农村妇女和农家孩子非常喜欢这些稀奇古怪的玩具。可也总有一些孩子，往往跟在他爷爷后面，怪声怪气地喊叫呼号，取笑这位老人。不过，他从来不对孩子们生气，更不伤害他们。他不和安徒生的祖母生活在一起，也不去看他的小孙子。

直至安徒生 14 岁离开欧登塞那一年，他跟孙子只说过一次话。小安徒生又是怕他，又是爱他，他羡慕他的雕刻本事，又不敢把他领到家里来。

安徒生的祖父和父亲都是有才智，心灵手巧的人，但都没有进过正规学校受教育，他们的生活过得那么艰难，那么不幸。幼小的安徒生立下志愿：他不能像他们那样生活，他要念书，要上学，要掌握知识。他要走另外一条路。

就这样，祖母和祖父一起搬到了欧登塞。尽管儿子最想上文法学校，但他们没别的办法，只能让聪明的儿子去学修鞋。

可怜的父亲，美梦从未成真，可也从未忘记过去。记得安徒生小时候，有一次，一个文法学校的学生来定做一双新鞋，给安徒生父子俩看他学习的课本时，安徒生见到父亲眼里闪着泪花。他深情地亲着小安徒生说："这也是我应该走的路！"那个晚上，父亲没再说什么。

安徒生的父亲不大和同行交往，倒是常有亲朋来他们家。在冬天的晚上，父亲给安徒生大声朗读，给他做玩具；夏天，几乎每个星期天，父亲都带安徒生去林间散步。他并不和小安徒生说话，只是坐着沉思。

安徒生高兴地到处跑着，把采集来的草莓编成花环。妈妈则只有在每年的 5 月，林间的树木绽出嫩芽的时节，才和安徒生他们一起愉快地散步。这时，妈妈会穿上她那身只在这个季节，或是去领圣餐时才穿的褐色印花棉布衣服。安徒生记得这是那些年她唯一一件也是最好的衣服。

每当散步回家时，妈妈都要带回一大抱桦树枝，放在擦亮的炉子后面，还总要把带叶的小枝插在屋梁的缝隙里，以它们的生命来标记家人的成长。

安徒生和爸爸妈妈用绿树枝和图画装点着小屋。妈妈总是把房间收拾得整齐干净，而且，她一定要让亚麻布的床单、窗帘都是雪白雪白的。

父母迫于生计而整日忙碌，抛下小安徒生无人照管。安徒生跑到外面玩耍，但那些富人家的孩子一见他就拳打脚踢，讥笑谩骂，说他"长得丑""穿得破""是下贱人的崽子"。

父亲看在眼里，气在心里，但是一点也没有在孩子的面前表露出来，他反而十分轻松地对安徒生说："孩子，别人不跟你玩，爸爸来陪你玩吧！"

为了抚慰儿子，他有时不得不丢下手中的活，亲自陪安徒生游玩。他们来到欧登塞河畔观赏那如画的美景。

这时，父亲给他讲起了《一千零一夜》中那些动人的故事。故事中那动人的情节和眼前欧登塞河的美丽景色交织在一起，启发了安徒生的想象力，陶冶了他那幼小的心灵。阅读和倾听，这是获取知识的一个重要源泉。因此，我们青少年要博览群书，汲取营养，开阔眼界，成为一代有知识的人才，将来服务社会。

欧登塞是个封闭的小镇，人们坚信上帝和女巫。许多神秘的传说在空气中荡漾不绝。纺纱室的阿婆们有时会把《一千零一夜》中的离奇故事讲给来玩耍的小安徒生听，使这个原本喜欢想象的小家伙的脑子更加丰富了。

小安徒生觉得这些故事是多么的奇怪啊！许多人听着这些可怕的故事都无限叹息，担惊受怕，可是过后却好像没事儿似的。

而对于安徒生来说，他所听到的一切都带着鲜明的神奇色彩，仿佛真的一样重现在眼前。

有时，安徒生在树林中遐想。甚至会被自己想象出来的精灵吓得飞奔回家。多年以后，这些古老的传说和童年的幻想，都成为安徒生创作的源泉。

聪明好奇的小男孩

安徒生的祖母是一位慈祥、和蔼的老人，她很爱安徒生，哪怕只是待上一小会儿，她都要过来看望她的小孙子，因为孙子是她的开心果。

祖母非常喜欢安徒生，每天来看小孙子，她会讲许多民间故事。进屋第一句话就是："我的小孙子今天好吗?"

小安徒生高兴地扑过去，坐在奶奶膝盖上，聚精会神地听她讲那些女巫、妖怪、天使的有趣故事。这时，小安徒生就像过节那样高兴。

我们在安徒生以后的剪纸中，常常看到这些故事中的形象。安徒生成为童话作家以后，给孩子们讲童话故事时，常常边讲故事边剪纸，剪出故事中的人物、动物、天使、小丑……小朋友们边听边看，十分高兴。他以后到外国旅游，和外国作家、名人交往，外语表达能力不够时，便随时拿出自带的剪刀和纸片，剪出他讲的一些事物，使对方更好地明白他讲的意思。

祖母要是在礼拜天来看他，她还会从济贫院的花园里采些鲜花来，插在那个旧柜子上的玻璃花瓶里。这时满屋散发着花香，小安徒生感到舒服极了。要是济贫院开什么联欢会，祖母还把她的一份糖果点心留着，带给小孙子吃。她一心一意爱着小孙子。

祖母虽然不起眼，但却是最讨人喜欢的老太太。生活对她成了一块严重的心病，她已从一个家境略微宽裕的乡下媳妇沦入到了极度的贫困之中。她与满脑子好笑想法的丈夫，住在用最后那点积蓄买来的小屋子里，贫穷就是他们的命运。

但是，安徒生从没见祖母流泪，给他极深印象的倒是她轻声叹着气，给安徒生讲她的外婆。

祖母受雇看管医院的花园，每到星期六的晚上，她都带回一些允许带回来的鲜花。这些花装饰着妈妈的五斗柜，但这些花也是小安徒生的，他把它们插在花瓶里。这是多大的一份快乐！祖母从心底爱安徒生，什么都带给他。安徒生知道，并能明白祖母对他的爱。

一年有两次，祖母要把从花园清理出的枯叶放到医院的大火炉里烧成灰烬。那些日子，安徒生的大部分的时光都是和祖母在一起度过的。他躺在成堆的绿叶植物上，和花玩游戏。

此外，对安徒生更具吸引力的是，这里比家里吃得好。那些没有攻击性的精神病人允许在医院的庭园里散步，他们常来窥视安徒生和祖母。安徒生带着既好奇又害怕的心理，听他们唱歌、聊天，有时还和他们一起走一小段路来到庭园树下。

紧挨着焚烧枯叶火炉的地方，有一间专为穷老太婆预备的纺纱房。因为能说会道，很快，安徒生就成了他们中最受欢迎的常客。他们说，“小孩聪明活不长”。而安徒生倒挺自鸣得意的。

安徒生偶尔还能听到大夫讲的有关人体内部结构的知识，什么心、肺、肠子等，足够他把这些当成向老太婆们发表即兴演说的谈资。

安徒生毫不客气地在门上画了一大堆代表肠子的圈圈，大谈心、肾。他所说的一切都给大家留下了深刻的印象。老太婆们认为安徒生是个异常聪颖的孩子，为了犒赏他的喋喋不休，她们给小安徒生讲童话。一个像《天方夜谭》一样精彩、丰富的世界，在安徒生眼前呈现了。

老太婆讲的这些故事，和安徒生在精神病院里看到的那些病人的形象，都深深刻在了他的记忆里，挥之不去。

安徒生有些迷信，在夜幕降临时，便不敢出门了。因此，他常常在日落时就上了父母的床，拉紧花棉布窗帘。屋子里有灯光，还不时传来说话声，可安徒生竟孤独地沉浸在自我的思想和梦境里，仿佛现实世界都不存在了似的。

“看那个小乖乖躺得那么宁静安详”，妈妈说，“他可真有点不同寻常，好在没有任何坏处。”小安徒生在幼小的心灵中，编织着一个童话的世界。

安徒生几乎不和其他的男孩玩，即便在学校里，他也不参与他们的游戏，只是在屋里坐着。在家里，安徒生有父亲做的好多玩具，有拉一下绳子就换页的图画，有拧紧发条就能叫磨坊主跳舞的踏车，还有很多有趣的小玩具。

而且，安徒生还非常有兴致地给布娃娃缝制衣服，他有时间也坐在院里偏僻的醋栗灌木丛旁边，以扫帚柄和墙作为支撑，用妈妈的围裙拉起一顶遮阳挡雨的帐篷。小安徒生就坐在那儿，凝望着醋栗灌木丛的叶子一天天地不断生长，从幼小的绿嫩芽儿长到枯黄的大叶子落下来。小安徒生总是看得津津有味，他好像从中看出了什么。

安徒生是个少有的太耽于梦幻的孩子，经常闭着眼四处走动，以至于让人觉得他好像是弱视，其实安徒生的观察力出奇地锐敏。尽管生活贫困，但思想上的自由，让安徒生的童年丰富多彩。

勇敢面对扬起的皮鞭

安徒生的母亲除了洗衣服以外，还要想尽别的办法来补贴家用。而每当麦收的时候，他们还可以到麦田里去捡收割剩下的麦穗。安徒生经常陪妈妈一起，到麦田里拾散落的麦穗。

拾麦穗的不仅仅有孩子，也有妇女和老人。一天，当妈妈领着小安徒生在地里拾麦穗的时候，他们居然发现了一个半盲的老妇人，这是他们在欧登塞街上经常可以看到的那个乞讨的老人。大家都知道她的眼睛几乎看不见了，但她是怎么去找到麦穗的呢？

安徒生对妈妈说："妈妈，我们今天拾的麦穗都送给这个老奶奶吧！"

妈妈听到儿子的请求，点点头，她心里感到很高兴。

安徒生和妈妈赶忙跑过去，摸着老太太的肩膀说："老奶奶，您不要误会，我们不仅不跟你争这些麦穗，而且还诚心诚意地把我们拾到的麦穗送给你。"

听到这些充满爱的话，老奶奶的脸上留下了滚烫的热泪。

安徒生的善良与其母亲的言传身教是分不开的。尽管这位母亲是欧登塞最贫穷、衣服最破的女人。可是，她无时无刻不在帮助着别人，她总是说看在上帝的份上，让我们去帮助这些可怜的人。

有一次，安徒生到田里去拾麦穗。他不知不觉地来到了一片麦田，据说那儿的农场管理人非常粗暴，没有人敢到他的麦田里拾麦穗。果然，管理人看到安徒生在地里拾麦穗，于是就挥动着皮鞭，恶狠狠地追赶过来，安徒生拔腿就跑。

当时，安徒生光脚穿了一双木头鞋，匆忙中把这双木头鞋跑掉了，田里的麦茬刺伤了他的脚，他实在不能再跑了。

麦田的管理人冲上来，抓住了安徒生，举起手中的皮鞭就要抽下来。这时的安徒生也不知从哪里来的勇气，他直盯着对方的脸，大声说道：“你敢当着上帝的面打我吗?”

这个凶神恶煞般的汉子，没有想到这个小孩子竟然不怕他的鞭子，而且还说出这番让人惊讶的话。于是他立刻放下鞭子，变得温和起来。

农场管理人拍了拍安徒生的小脸蛋，说道：“你真是一个聪明、可爱又勇敢的孩子！告诉我，你叫什么名字?”

“汉斯·克里斯蒂安·安徒生。”小安徒生回答。

“安徒生，你听着，我不仅不打你，而且还要奖励你，拿着，这是奖励你的钱。至于田里的麦穗吗？你尽管去拾好了，都归你!”

安徒生向这位管理人道过谢后，高兴地把钱放进口袋，又拾了很多麦穗，才回家。

此时，妈妈正在家着急呢！准备出来找他了。安徒生把钱拿给妈妈看时，她对着别人说，“我的汉斯·克里斯蒂安可真是个奇特的孩子，人人都对他好，连这个坏家伙都给了他钱。”

听到妈妈的称赞，小安徒生心里感到非常开心。

“我这孩子信上帝，有胆子，连那严厉的管家都不敢打他，还表扬他。”信上帝的母亲见人就说起这件事来。

小安徒生也以为是上帝帮了他的忙。

安徒生的父亲常给儿子念剧本和故事，有时也给他念《圣经》，但他不信上帝。

有一次，他父亲念了一会儿《圣经》之后，合上书说：“耶稣跟我们一样也是人，不过他很不寻常罢了。”

这话让安徒生的母亲害怕得不得了，眼泪一下子就淌出来了，觉得丈夫说这话是罪过。安徒生也默默地祈求上帝原谅他父亲。

安徒生的母亲、祖母和他的老师们经常给他讲，上帝是如何无所不能，这主宰者可以满足人们的任何愿望。安徒生思索了好久，决定要拿自己来做一个实验。

一天下午，他悄悄离开家里，来到离家很远的一个深水池塘旁边，面对着混浊的水面，他把两手交叉在胸前，大声祈祷道："现在，亲爱的上帝，你是万能的，请保佑我，让我别沉下去！"

说完，他"扑通"一声跳进了冰冷的池塘里。但是，万能的上帝没有帮他。他的身子一直往下沉。他大声呼喊："救命呀！救命呀！"

他的两腿在水中乱踢，扑腾着往岸上划去。他不会游泳，挣扎着，喝了好几口水。幸亏有个过路人听到喊声跑过来，把他救上岸，送他回到了家里。他一辈子也忘不了这次丢脸的实验。

梦想遭受同学的耻笑

早在中世纪，欧登塞就有学校了。到了 1802 年，改建成了教会学校。在 1806 年时，欧登塞已经有了 7 所学校。

1811 年，小安徒生第一次进入一个初级学校，一位老女教师教他字母、拼音等。她常坐在靠近时钟的一把高背椅子上，时钟敲正点时，里边会跑出一些会动的小人。她手里总是拎着一根粗荆条，在大多是女生的教室里转来转去。

这所学校离安徒生的家非常近，冬天他的手还没有冻僵，就已经从家走到了学校。

有一天，安徒生坐在沉闷的教室里听着震耳的“嗡嗡”拼读声，有些心不在焉。他想，这个老太婆像谁呢？哦，活像一条戴包头帽的鳕鱼。他的这种想法，女教师本来不知道。不幸的是，思想一溜号，他就打起瞌睡来。

女教师眼尖，一下就发现了。尽管女教师自己有时也打个盹，甚至还发出鼾声来，但她却有一种发觉学生打瞌睡的特殊本领。这天又赶上她心情特别不好。她火冒三丈，举起棒子，打了他一顿。

在安徒生进校时，妈妈就和老师约定不能打他，所以安徒生没挨过那根荆条的打。因此，当安徒生被抽了一荆条时，小安徒生什么也没说，就径直跑回家，要妈妈给他转学。

同年，安徒生进入了另一所专为犹太孩子办的卡尔斯登学校。学校的老师卡尔斯登先生，是一位以公平温厚而备受尊敬的教师，他很喜欢女孩般文静的新学生安徒生。但安徒生不知道这所学校的老师又是怎样一个人。

到学校后，他发现卡尔斯登竟然是一位年轻人，长着一双快活的深棕色眼睛，人也很温和，微笑时露出一排洁白的牙齿。卡尔斯登先生一眼就看出安徒生是一个聪明的孩子，很喜欢他，像父亲般关怀他，不让别的孩子欺负他。课间休息时，还牵着他的手带他去操场上玩，教他一些东西，或者一起观看别的孩子做游戏。他还常常带些糕点给安徒生吃。

安徒生在这所学校里，虽然是年龄最小的学生，但同学们见老师很照顾他，就不敢欺负他了。课间时，他常牵着安徒生的手在校园里散步，并不时对嬉闹的学生们喊一句："安静点，淘气鬼们，别把这孩子推倒了。"

在这里，小安徒生遇到了一个叫萨拉的犹太女孩。萨拉是学校里唯一的小姑娘。她非常勤奋，算术学得最好，总被老师叫起来为同学做示范。

安徒生的讲读课学得出色，朗诵诗比同学们都强。像许多男孩子一样，他因为喜欢萨拉，于是就极力地在萨拉面前显示自己。

安徒生把萨拉想象成童话中的公主，渴望接近这个黑眼睛的小姑娘。有一天放学，安徒生与萨拉一起回家，已经走过自己的家门口了，可安徒生没有吱声，继续陪着萨拉向前走。

同样贫苦出身的萨拉发誓，自己将来会成为某农场的女管事。安徒生睁大双眼，说："那多乏味！"公主怎么能当管事呢？安徒生心想。"我长大以后，要把你接到我的城堡里。"安徒生说。

萨拉嘲笑他，但是安徒生却不管这些，他在纸上画了一个东西，然后告诉萨拉："看，这就是我的城堡！我是个破落家庭出身的高贵孩子，这是上帝的天使下凡时对我说的！"

小安徒生希望让萨拉感到惊喜，可萨拉却奇怪地盯着他，像盯着一个精神病人一样，然后她扭过头对身边的孩子说："他疯了，就像他爷爷一样。"

安徒生早逝的爷爷，生前是小城里人人皆知的疯子，这一点是安徒生心灵上的阴影。萨拉的嘲弄，使安徒生感到失落与沮丧。因此，在以后的日子里，安徒生便不再像过去一样，和萨拉在一起玩了。

卡尔斯登欣赏小安徒生的朗诵天才，在讲读课上无人能和他美丽的嗓音匹敌。可惜，小安徒生的书写却很糟糕，卡尔斯登每次看见他那潦草的字迹，就要摇头叹气。

安徒生从不在家做作业，而习惯于在上学的途中学习，所以母亲总以他非凡的记忆力为骄傲。虽然安徒生具有讲故事的天分，但却依然受到小朋友们无情的嘲弄。

安徒生把这件事通过幻想编成一个童话故事，又把它修改成在一次大火中救了海曼，这时她因嘲笑过他而感到内疚。后来他们一同到花园里玩，采集种种奇花异草，互诉衷情，一起看有趣的书。又后来，海曼成了公爵小姐，他们俩一块儿到遥远的地方去。他就这样修改他的故事，感到快慰极了。

安徒生跟同学们一块儿唱歌，别看他年纪最小，但唱歌的嗓音最洪亮。在朗诵课文时，他在班里也最为出色。卡尔斯登一再表扬他。他在这所学校念书，心情十分舒畅。

卡尔斯登学校停办后，安徒生的母亲把儿子送到另一所学校学习。这所学校是为负担不起其他学校学费的穷孩子设立的，设在一幢旧楼房里，墙上贴着许多《圣经》故事里的绘画。学校教员都很穷。他们只教学生读、写和算术。

这儿学的东西对安徒生来说非常容易。他不需要回家复习、做作业。只要第二天在上学路上回忆一下，就都记起来了。他母亲对他的学习成绩很满意，常跟邻居说："我儿子不用怎么使劲就取得了好的成绩，他的脑袋真好使。"

她看到别的孩子下学后回家复习到深夜，成绩还落在他后面，很为儿子感到自豪。

那所学校的校长是一个挪威人，名叫韦赫文。他擅长于讲古老的圣经故事，讲起来活灵活现。安徒生一边听他讲摩西和亚伯拉罕的故事，一边看墙上的绘画，浮想联翩，陷入沉思。他有时自个儿扮演起故事中的人物来。同学们嘲笑他："瞧这位戏剧迷！"

安徒生 8 岁的时候，个子长得比同龄儿童几乎高出一头。细长的腿，瘦削的身子，长长的脖子，一头黄头发。长形的脸上长着一只大鼻子，一双小小的绿眼睛——"小得像两颗绿豌豆"，他以后在一首诗里曾这样写自己的眼睛。

在另一首诗里，他说他的长相像一个稻草人。总而言之，他的相貌不好看。街上的孩子们经常取笑他，欺负他，不把他看成自己的同类。就像他后来写的童话《丑小鸭》中的那只丑小鸭不被同一窝孵出来的小鸭子看作同类，受它们欺负一样。

因此，他也不跟同年龄的孩子们玩，他自个儿玩自个儿的，自个儿想自个儿的。不过，他总有事情可做，没有事情也能想出些事儿来做。他的精力比哪个小朋友都充沛，想象力比哪个小朋友都丰富。

安徒生读了父亲藏书中的一些诗歌，很有感触。他拿起笔来，写了一首诗，拿去读给母亲听。"写得好。我的儿子 8 岁就能写诗了，真了不起。"母亲这样表扬他。

他受到母亲鼓励，决定要写好多诗，还要写剧本，写悲剧，写故事，写小说。他用父亲的空白记账本，写下了他的计划，草草地记下了一连串的目录。

时光过得飞快，在学校里安徒生还是比较快乐的，然而时世的艰难使学校关闭了，他只好回到家里。父亲为他做的几只木偶给儿子带来极大的满足，他给小人们缝制了漂亮的衣裳，让木偶们在"舞台"上尽情发挥他的想象力。

不久以后，一种更美好的东西闯进了安徒生的生活，他幸运地读到了莎士比亚的作品，那神奇瑰丽的情节使他深深地陶醉了。很快，安徒生就能整段背诵《李尔王》。而他的那些木偶，也都沉浸在威廉·莎士比亚激情的海洋之中了。

10岁那年，熟读莎士比亚的剧本《李尔王》《麦克白》的丹麦文译本以后，安徒生左思右想，下决心写一个剧本。剧中主人公是当代的国王和几个王子。但当代国王和王子都说些什么话呢？使用什么词语呢？他没有见过当代的国王和王子，没有听过他们说话，这是个大难题，谁能说清楚呢？

他找到母亲，母亲摇摇头说不知道。于是，他查阅起工具书来，找了一本外文字典，查出几百个介词、形容词、副词、名词，造了好些句子。但觉得还是不行。最后不得不暂时放下这项计划。

好多人都笑话他："看这个鞋匠的儿子，没念上几年书，就想写剧本！"

安徒生想，我终有一天要写出剧本给你们看看。

失去疼爱自己的父亲

安徒生是在虔诚和迷信中长大的，对穷困为何物一点概念都没有。父母靠双手辛苦挣饭，但对安徒生来说，他觉得日子过得却很富裕。

安徒生觉得自己的穿着称得上帅气：一个老婆婆改了父亲的衣服给他穿；母亲把三四块丝绸缝在他胸前，就像马甲似的。母亲还把一块围巾系在安徒生的脖子上，扎成一个大的蝴蝶结。头发用肥皂洗过，梳在两边，如此穿戴就很像模像样了。第一次和父母去看戏，安徒生就是这身打扮。

当时，欧登塞已经有了一座不错的剧院。安徒生看的第一场戏是用德语演出的，导演弗兰克善于排演歌剧和喜剧。安徒生看的是霍尔堡的《政治修补匠》。

剧院和观众给安徒生的第一印象，无法使他相信将来能像人们期待的那样成为诗人。父母后来告诉安徒生，他看到剧院和里边有那么多的人，第一声感叹竟是："如果有和这里的人一样多桶的黄油，我得吃多少啊！"但很快，剧院成了安徒生最想去的地方。

父亲喜欢读戏剧、故事，还有历史和《圣经》。他常陷入沉默，掩卷而思。"世上根本就没有魔鬼，它只在我们的心里。"有一回听父亲说这话，母亲心里对他和他的灵魂充满了焦虑。

有一天早晨，父亲发现胳膊上有三道划痕，大概是被床上的钉子划的。但安徒生和妈妈，以及邻居们都绝对相信，那是魔鬼为了证明自己确实存在，在夜间降临了。

安徒生的父亲没有什么朋友，闲暇时，他喜欢一个人待着，或带着安徒生到林中去散步。他最大的愿望就是住在乡村，正好机会来了，费恩岛有座庄园需要个鞋匠，就得住在附近的村庄，可以免费得到一间房子，一个小花园，还有一个养牛的牧场。有了这些，再加上为庄园日常的工作，便可以衣食无忧了。

谈起这事时，父母都觉得要是得到这份差事可就太好了，但父亲得先试工。庄园派人送来一块丝绸，要父亲做一双舞鞋，皮子要自己出。那段日子，全家人整天谈的想的都是这件事。

鞋终于做好了。父亲用手帕把鞋包好，出门了。安徒生和母亲坐在家里，等着父亲满怀欣喜地回来。但父亲回来时，却是脸色苍白，怒容满面。父亲说，那位夫人连试都没试，只不过挑剔地瞄了一眼，说丝绸弄坏了，不能雇用他。

“如果你浪费了你的丝绸，我也宁愿浪费我的皮子。”父亲说完，拿出刀子，就把鞋底切了下来。想到在乡间生活的美梦就这样泡汤了，一家人都哭了。

父亲越来越频繁地在林中漫步，一刻也不停歇。他极度关注报纸上有关德国战事的报道，脑子里装的只有这件事。拿破仑是父亲心目中的英雄，拿破仑从一个无名小卒到纵横天下的经历，正是父亲所要追随效仿的典范。

丹麦与法国结盟以后，人们就只谈论战争了。父亲自愿去当兵，希望能混个中尉回来。妈妈以泪洗面，邻居们都说没这个必要，出去挨枪子儿真是疯了。

在当时，士兵的身份还是很低贱的，只是到此时，在针对公爵领地叛乱的战争中，士兵才得到了应有的荣誉。父亲恰逢其时。

父亲去当兵的情景，一幕幕地呈现在安徒生脑海中。有一天妈妈用围裙掩住脸，泣不成声。脸色苍白的父亲劝她说：“安静点，玛利亚，别哭了。我不是想丢开你们不管。你想想，我去当兵，可以拿到一大笔钱，咱们的生活就可以得到改善啦！”

“你别骗我了，”妈妈说，“我知道，你的心早就飞到国外去了，以为那儿有天堂般的生活在等着你。你哪里还会想到我们。”

“我没有法子啊！”父亲说，“你看，咱们这么穷，我去当兵打仗，说不定能当上军官。那时咱们就不再受穷了，孩子也有钱念书了。”

“你别想好事了，”妈妈摆摆手说，“一个穷皮鞋匠能当上军官?!”

“那也未必，拿破仑还卖过啤酒呢！可他现在是一个伟大的皇帝！”父亲开导她说。

“拿破仑和我们有什么相干？可你会在战争中被打死的。”

父亲不听母亲的劝告，还是去当兵了。他被编在雇佣军新兵第三营。临走时在床头俯下身来，亲了亲正在生病的安徒生，用一种不自然的声调嘱咐儿子要做一个坚强的小伙子。安徒生睁开眼睛，发现从来没有哭过的父亲在悄悄擦眼泪。

对安徒生来说，他永远也忘不了那次生病。父亲走后，他觉得自己病得更严重了。隐约中，安徒生听见奶奶在自己的床前嘟哝着。

这老太太一会儿向上帝祈求着什么，一会儿又叹气地哭着说：“天啦！你这个孩子怎么这么可怜，你瞧，你的父亲又走了，现在你又这么病着，该怎么办呢？哎呀，只能听天由命了……”

奶奶的话，让安徒生特别难受，他着急地又哭又叫：“奶奶，我不想死，我不想死呀，我要我的妈妈，我的妈妈在哪里呢？”

母亲正在家里洗衣服，她听见了安徒生的大叫，急忙跑了过来，来不及擦干手上的水，就把双手放在了安徒生的额头。

安徒生感觉头上冰冰凉凉的，舒服极了，便不再哭闹，安心地睡觉，他想：有妈妈在身边，一切都会好起来的。

果然，在几天以后，安徒生的病情有了转机。直到妈妈告诉他：“好了，我的孩子，你总算挺过来了，我早就对你的奶奶说过，你一定会没事的，现在，我们就等着爸爸回来了。”

父亲当兵走后的那个冬天来临了，由于没有足够的衣服穿，母亲担心儿子上街会着凉，便不让他出门。安徒生在家里闲待着，嘴巴里嚼着母亲留给他的面包。

此时，小阁楼上传出了耗子“吱吱”的叫声。于是，安徒生的脑子里开始编那些耗子的故事。他想，那些“吱吱”的叫声一定是那些小耗子发出的，因为它们的妈妈出洞找食物去了，小耗子也是整天窝在洞里，见不到妈妈，又饿着肚子，所以就不停地小声抱怨着。

安徒生不由得同情起那些小耗子来，于是就天真地把吃剩的面包渣悄悄地撒在地板上的洞口旁，以便耗子妈妈找到食物后能很快回家。安徒生一边撒面包渣一边担心，他明白如果自己的妈妈知道了，一定会生气的。

安徒生的父亲从军后，他所属的军团还没有到达霍尔斯坦，战事就结束了。这个志愿军战士很快又坐回到他的作坊里，一切似乎都还是老样子。

由于过度劳累和紧张，身患重病的父亲归来时，安徒生已经难以辨认他了。瘦骨嶙峋的父亲又回到了鞋匠生活之中，但糟糕的身体使他连锤子也拿不稳了，做一会儿活就疲乏得厉害。

安徒生依旧拿木偶用德语来表演喜剧，因为他看到的演出只使用德语。

父亲的身体比以前差劲了许多，他根本不习惯行军和军旅生活的艰辛。有天早晨，他醒来时有点精神错乱了，谈论着拿破仑和战争。他幻想自己接受了拿破仑的命令，正在亲自指挥战役。

母亲立刻把安徒生叫醒，让他找人来帮忙。不过不是要他去找大夫，而是去找住在离欧登塞几英里远的“女巫”。

父亲再也起不了床了。但有一天早晨，一阵喊声把安徒生从睡梦中惊醒。他睁开眼睛一看，父亲赤着脚，蓬头散发，站在房间中央，两只失明的眼睛大睁着，朝着前方大声喊道："跟我来！进攻！乌拉！"

第三天晚上，安徒生的父亲过世了。尸体就放在安徒生的床上，安徒生和妈妈一起睡地板。

安徒生的父亲死时才33岁。

一只蟋蟀叫了一整夜。妈妈对着蟋蟀说："人已经死了，别叫他了，是冰女把他带走的。"安徒生知道妈妈指的是什么。

记得有一年冬天，家里的窗玻璃上冻满了冰，父亲指着一个形状像张开双臂的少女的冰花，打趣说："她一定是来带我走的。"

现在，妈妈见他躺在床上，想起了他说过的这句话。而这句话也深深地刻在了安徒生的记忆里。

当童工表演戏剧唱歌

父亲去世后，母亲过了两年更为艰难的日子，便不得不改嫁了。

安徒生的继父尼尔斯·冈徒生也是一个鞋匠，他对待安徒生还不错，不反对他按自己的愿望行事。母亲改嫁后，跟继父搬到了另一处地方，离原来那条磨坊街很远。

继父家的园子比他家原来的所谓园子更大，更美丽，不仅醋栗树比原来园子里的多，而且还有荼蘼子和其他的树。新的家也在一条小河附近。他母亲常站在河里的一块石头上漂洗麻布衣服。这儿的邻居很好，喜欢讲故事，安徒生很喜欢听他们讲故事，他听他们讲了好多有趣的故事。

有一次，一个洗衣服的老大娘说，假如在这条河上挖土，挖呀挖呀，最终能挖出一条通道，一直通到中国。这样，就可以从通道里走到中国去。那是个很大的帝国，那儿的皇帝很威风。小安徒生很希望到中国去看看，假如黄皮肤的中国王子能到丹麦来该多好。他用魔术般的方法指引自己到中国去，如果那儿欢迎自己，自己就会有很大的名气。

安徒生坐在河岸上，唱起他会唱的最美好的歌来。说不定中国王子会忽然听到，叫他去中国玩呢！那时他说不定会得到一个水晶城堡呢！

离安徒生的家不远，住着一位牧师的遗孀班克福德夫人，她与姑姑一起生活。她们挺喜欢安徒生，欢迎他随时去玩。在班克福德夫人家里，安徒生第一次听到了“诗人”这个词。而且，她们每每提到诗人，就充满了一种崇敬感，好像很神圣的样子。此时，安徒生认识到，能成为诗人是那么令人荣耀和幸福的事。也是在这里，安徒生第一次阅读了莎士比亚的戏剧。

父亲的死使安徒生家欠下了一大笔的债务。为了还债，也为了生活，母亲没日没夜地拼命干活。一天到晚，她都弓着身子，趴在小河边一块平坦的大石头上洗衣服。

在寒冷的冬天里，河水的温度无法想象，她只好喝几口酒来驱寒。这在体面人看来是多么粗鄙的行为！于是，刻薄的流言不胫而走，城里的人们都在窃窃私语："鞋匠的老婆玛利亚是个嗜酒如命的女人！"

圣诞节是西方最隆重的节日。可是，安徒生家的圣诞节，没有圣诞树，没有烤苹果，没有甜饭，更别提烤鹅了。圣诞之夜，小小的安徒生穿着一双用木头做的鞋，踩在结了冰的石头路上，发出"扑哧、扑哧"的声音。

安徒生后来写道："走在街上，我的手简直就要冻僵了，我一边搓着手哈着暖气，一边透过有钱人家的窗户，羡慕地向里面探头张望。我看见屋子里明亮的烛光快乐地跳跃着，漂漂亮亮的圣诞树被装点得五光十色，闪闪发亮，周围是一群孩子们兴奋地跑跳狂欢，桌上还摆满了各种各样好吃的东西。我幻想着那只静静地趴在餐盘里的烤鹅突然站了起来，一蹦一跳地从桌子上跳下来，又大摇大摆地走出去，径直来到街上，来到我的面前。但一切都是美妙的幻想而已。"

玛利亚本想拼死独立支撑这个家，可镇里的长舌妇们嘲笑安徒生游手好闲，母亲只好忍痛把瘦小羞怯的儿子送到了工厂里做童工。

母亲决定让儿子去布厂上班。她说："这可不是为了钱，我总得知道我的儿子在哪儿吧！"

安徒生的老祖母带他去那家布厂。祖母感到很苦恼，因为她从没有想到有这么一天，自己的孙子会和那些讨人嫌的男孩子混在一起。

工厂是一个环境肮脏的地方，机器轰鸣，人声嘈杂，窗户都用破布或纸片堵得严严实实，叫人透不过气来。

那些衣衫褴褛的青少年，都来自欧登塞最底层的穷苦人家。

他们粗俗豪放，脏话不断，安徒生却出淤泥而不染。他说："那些脏话在我耳边一掠而过，占据不了我的心。"

有一天工间休息时，安徒生情不自禁地唱起了一支歌，没想到一下子引起了轰动。工人们似乎听见了百灵鸟在欢叫，看见了奔腾的河流，他们狂叫起来。

于是就不让安徒生干活了，只让他接二连三地唱歌。安徒生愿意施展自己的才华，在大庭广众面前纵情歌唱，声情并茂地朗诵诗歌。

每当唱完歌，安徒生就告诉他们自己还会演戏。霍尔堡和莎士比亚许多整幕的戏，安徒生都烂熟于胸，倒背如流。工厂里不论男女，都友善地对安徒生点头、微笑、鼓掌。

就这样，安徒生在布厂度过了最初一段愉快的时光。但是时间不长，安徒生又离开了工厂。

可是，安徒生就是不想当裁缝。但从妈妈描述成为裁缝的前景中，安徒生获得的唯一安慰，那就是当裁缝就能为他的剧院弄到更多各式各样的布片。

安徒生常站在妈妈洗衣时当搓板使的一块大石头上，大着嗓门唱他会唱的所有歌，有的根本就是边走边瞎编乱唱出来的，连曲调都没有，更谈不上有什么意义了。

安徒生天生酷爱读书，他能把整幕整幕的戏倒背如流。他天生就有一副金嗓子。这一切，终于引起欧登塞几家名门望族的注意。他们邀请安徒生去家里做客，所有他身上表现出的奇特的品质和性格特征，引起了他们的兴趣。

在安徒生造访的这些人中，霍格·古德伯格上校及其家人对他表现出了很大的同情。霍格·古德伯格上校甚至跟克里斯蒂安王子，也就是后来的克里斯蒂安国王八世提到了安徒生。

在古德伯格上校的引荐下，安徒生甚至和当时这位克里斯蒂安王子见了一面。

那天，妈妈精心把安徒生打扮了一番，在古德伯格上校的陪同下，登上了宫廷宽敞的石阶。

王子亲切地接待了他们。让安徒生奇怪的是，这位王子不仅没有穿黄袍、戴首饰，而且他的打扮和普通人没有两样。

安徒生兴致勃勃地为亲王唱歌，并朗诵了自己熟悉的莎士比亚和荷尔堡的歌剧。

亲王爱抚地拍拍安徒生的肩膀说："背得不错，好小子。"然后，亲王问："你以后想做什么呢？"

安徒生向亲王弯腰致敬，然后鼓起勇气，说："尊敬的殿下，我想进教会学校去学习。"说完，他又小声地补充了一句："不过，我最想做的是去皇家剧院当一名演员，但我不知道怎么做才行。"

亲王微笑着说："当然，孩子，你的想法是好的，但我觉得，念书既花时间又花钱，而且会令你的生活过得更苦。至于演戏……嗯，你觉得你能做个好演员吗？你看，你是一个手艺人的儿子，干吗不继续做一个手艺人，安守自己的本分呢？"

"可是，殿下，这孩子真的很有演戏的才华呢！也许，他真的可以是一个好演员呢？"古德伯格上校在一旁提出异议。

亲王微微皱一下眉头，转头问他的秘书："你觉得呢？荷尔倩！"

这个被称作荷尔倩的秘书也同意亲王的决定，他说："是的，殿下，我完全赞同您的意见，这个孩子的举动、风度，都具有鞋匠的气质，他一定会是个出色的手艺人。至于才华，在我们国家，会唱歌、会朗诵的人大有人在，难道每一个人都能做一个好演员吗？”

亲王点点头，说：“有道理，如果他真的有才华，真的是个天才，那么他会自己发展成熟，自然显露锋芒，用不着别人的帮助。”他盯着安徒生看了一会儿说：“这样吧！孩子，如果你愿意去学一门手艺的话，我是非常愿意帮助你的。如果你一定要想当演员，那我就帮不上忙了。”

听完亲王的话，安徒生很伤心，但他并不气馁，他在心里默默地说：“殿下先生，总有一天，你一定会看到我的光芒！”

安徒生怀着失望的心情离开了城堡。

演戏剧转变人生轨迹

有一天，安徒生的母亲不知从哪儿弄来了一张戏票，这使安徒生兴奋不已，简直跟过年一样。

母亲觉得到剧院看戏，就要穿得体面些，因为大家穿得都很好，穷人只有百年不遇的好机会才会到那里去。

于是，母亲把丈夫的一件不用的礼服找出来，让儿子穿上试了试，结果又长又大，很不合身。于是母亲又找出四五块绸布，给儿子做了一件背心。然后把儿子搓洗得干干净净，把衣服一穿。哇！这下可精神多了，安徒生乐得又蹦又跳，母亲看着心里也很高兴。

安徒生进了剧院，坐到自己的座位上。人可真多啊！每个人都穿得很绅士，很体面，一看就是有钱人。

幕布拉开了，戏开演了。小安徒生就聚精会神地看起来，戏演完了，大家都起身要走了，他还坐在那里，陶醉在刚才的剧情中。

“儿子，想什么呢？已经演完了，我们该回家了。”母亲说。安徒生这才如梦方醒。回家后，他把母亲的一块围裙拿来，当成一件斗篷，披在肩上，把自己打扮成中世纪的骑士，走到镜子前，模仿剧院演员的动作，口中念着台词。

母亲仔细一听，原来是刚刚看过的那部戏的台词，她惊讶地看着儿子，没想到他的记忆力这么好。

安徒生就这样一连表演了好几个小时，甚至连着几天都陶醉在演戏里。母亲一看，这孩子怎么跟傻了似的，就制止他说：“你这个孩子怎么发起狂来了，别再演了，否则我打你屁股。”安徒生不得不停下来，但他仍旧对演戏很着迷。

安徒生就这样迷上了戏剧。不过，他母亲之后就再也没有给他弄过戏票了。

有一天，他碰到一个熟人，那是剧院的广告张贴人，名字叫彼得·坚凯尔。他每天到各处张贴戏剧广告。安徒生对他说："你把广告交给我吧，我帮你贴到你要贴的地方去。"

这位熟人看到有这么一个好的小助手，感到很高兴，同意了他的建议。不管天气好坏，安徒生干这活儿很热情，很认真。

"我真奇怪，你为什么那么喜欢张贴戏剧广告呢？"这位熟人问他，"你从这里能得到什么好处呢？"

"我买不起戏票，我是从广告里看戏呢！"安徒生说，"广告里有剧情介绍，我读着广告，就想象到剧院里的演出。就像戏台在我面前一样，似乎连舞台布景都见到了，整场戏的演出，似乎都活灵活现地出现在我眼前。你要知道，总有一天我要当上演员的。"

"是吗，你要当演员？"广告张贴人说，"你认为，你能成为一个好演员？"

"是的，我会成为一位名人的。我全都知道。但首先要吃好多苦，受好多罪，然后才会出名。"

安徒生一直怀着这样的美好理想。但他母亲的想法就跟他不一样了。他母亲希望他当一名裁缝。她觉得，学一门裁缝手艺，走到哪里都有饭吃。这是一门最好的职业。而且她看到儿子心灵手巧，编织点什么东西，缝缀点什么，一学就会。他当裁缝最合适不过了。

有时，她的母亲会用商量的口吻对安徒生说："孩子，等你长大了，你也想办法开一家像史特格曼先生开的那样的裁缝店好吗？"停一下，她又说，"你看看，史特格曼先生多有钱。他有 4 个徒弟，他的裁缝店在最繁华的街上。我看，你学裁缝手艺，一定会成功的。"

安徒生摇摇头。这样的主意，他连听都不想听。

按照基督教的规定，满 14 岁的孩子要受"坚信礼"，加深对宗教的信仰，同时标志着孩子长大成人了，不依附父母生活，自己出去闯世界。

就在这时，发生了一件改变安徒生命运的事。1818年6月，哥本哈根皇家剧院的一批男女演员和歌唱家到欧登塞来演出几场小歌剧和悲剧。他们的杰出表演成了大家议论的一件大事。安徒生进到舞台侧门，对几个演员说他爱好戏剧，希望能看到他们的演出。有一位在剧团帮忙的熟人，常把安徒生带到后台去看戏，这使安徒生大开眼界。这比他的傀儡戏可优美、生动得多。

安徒生一边看戏，一面模仿演员们的表演，背诵他们的台词，简直入了迷。同时他也暗下决心，将来一定要做个演员。

安徒生不仅在舞台两侧观看了全部演出，而且他还经常瞅准机会上台扮演一配角。

一次，他扮演了一个没有台词的车夫，为了这次演出，他紧张得心脏都要跳出来了。在整个排练现场，他比谁都要先到，当其他演员到达时，他已经穿好了戏服，等在那里了。安徒生对演出的激情引起了其他演员的注意，在以后的日子里，他们又给他安排了很多角色，如扮演小跟班和牧羊人，甚至在《灰姑娘》戏剧的一次演出中，他还说上了几句台词。

这样一来，安徒生的热情就更加高了。每次有机会演出，他都去得最早，走得最晚。安徒生孩子似的行为举止和对戏的热情投入，让剧团的人觉得十分有趣，他们很亲切地和安徒生说话，尤其是哈克和恩霍姆。

有一次，安徒生的一个演员朋友甚至开玩笑地对他说："哦，热情的小伙子，我觉得你真应该去京城哥本哈根的皇家剧院，也许那里才是最适合你的地方。"

演员朋友的话，让安徒生浮想联翩，之后他心中的幻想和希望之火熊熊燃烧。他终于明白了，继续在自己的家乡生活下去，他将会一事无成，而且，自从他与克里斯蒂安王子那次不愉快的见面后，他更加相信，一切只能靠自己。在剧院待久了，他越来越意识到，自己是为剧院而生的。只有在剧院，自己才能成名。因此，哥本哈根的剧院就成了安徒生努力的目标。

有几个去过哥本哈根的人，谈论起一种在他们看来比歌剧或戏剧都更要好看的东西，叫芭蕾。据说，芭蕾舞演员里，属莎尔夫人最棒，也最具影响力。

对于安徒生来说，莎尔夫人似乎就成了芭蕾王后。而且，在安徒生的想象里，她扮演着这样一个角色：如果他能让莎尔夫人感兴趣，并得到她的支持，她就能帮助自己获得荣誉和财富。

但是，找谁给莎尔夫人写封介绍信呢？安徒生想起了欧登塞最体面的公民之一，也是当地《法因斯作家评论报》的出版商埃弗森。因为安徒生知道，那些演员在欧登塞时，每天都去拜访他。他认识所有这些演员，大概他也一定认识那位著名的舞蹈家。

一个星期天的下午，安徒生敲响了埃弗森家的房门。

这是埃弗森第一次见到安徒生，他非常和善地听安徒生讲完，然后哈哈大笑着说："小伙子，你的志向可不低呀！但是，想要成为皇家演员的人有很多，可剧院只需要几个重要的演员就够了呀！我觉得，你还是现实一点，学门手艺多好啊！"

"不！"安徒生坚定地说："我知道这很难，但就算是再难，也有成功的人呀，我问过那些演员了，他们告诉我，只要我努力，就会成功的。现在我只是希望您能帮我写一封推荐信，这就是对我最大的帮助了。"停了一下，安徒生叹了一口气，伤感地说："我知道您让我在家学手艺是为我好，但如果我就这样在家待一辈子，那真是最大的罪孽了！"

安徒生的决心之大，使埃弗森老人很是吃惊。他对安徒生产生了好感，终于答应帮安徒生的忙。

他说："我并不认识那位舞蹈家，不过我可以写封信给她。"他认认真真写了封推荐信交给安徒生带着。

安徒生拿着信，如同得到了无价之宝，心想这回当演员可有希望了。他试探着把自己的想法告诉了母亲，并拿出埃弗森先生的引荐信给她看。

母亲以最坚决的态度，命令儿子跟一个裁缝当学徒。一向温顺的安徒生完全变了一个人，他执拗地恳求母亲答应他去哥本哈根。

为了说服母亲，安徒生每天都缠着她，向慈爱的妈妈发起持久的攻坚战。

"妈妈，请你相信我，我一定会成功的，这几天，我常常做梦，梦见自己成为了一名演员，我还梦见了爸爸，他也赞同我去哥本哈根。妈妈，现在爸爸都同意了我的请求，你也一定会同意的，是吗？"安徒生对妈妈说。

母亲神情忧郁地看着他，她其实是担心儿子到一个谁也不认识的地方会挨饿，会受苦，于是，她尽量地劝说儿子："哦，孩子，能不能听我说，你不是喜欢给木偶缝衣服吗？瞧，你缝得多好啊，我觉得你肯定会是个最优秀的裁缝师傅，为什么不学裁缝呢？"

安徒生低下头，伤心地说："不对，妈妈，如果让我做一个演员，我会更加优秀的。"最后，母亲答应求签问卜，根据占卜的结果再做最后决定。

一个老太太来到了安徒生的家，她摆开咖啡渣和纸牌，算了起来。

"你的儿子将会成为一个伟人，"这个老太太说，"欧登塞总有一天会张灯结彩地庆祝他的。"

一听这话，小安徒生立刻兴奋地跳起来，而母亲却伤心地哭了。就连邻居也忧心忡忡地说："让这个 14 岁的孩子到这么遥远、复杂又陌生的大城市哥本哈根去，是多么可怕的一件事啊！"

但是，小安徒生决心已下，母亲也只好答应，母子俩商定了起程的日子。

1819 年 7 月，一个叫哈梅的女演员到欧登塞来。安徒生认识的一位本地男演员带他去见她。那位女演员热情地接待了他，细心地听他讲了去哥本哈根的抱负，鼓励他到那儿去。

安徒生去哥本哈根的事定下来了。

好心的哈梅小姐答应他可以跟她同坐一辆车去哥本哈根，到那儿以后还可以想法帮助他。但过了些日子，安徒生得知哈梅小姐在这儿欠了一大笔债，一时离不开欧登塞。她叫安徒生自个儿去哥本哈根。安徒生只好自己想办法。

同年 9 月，安徒生好不容易凑了 10 元钱作为旅费。其中几块钱是几位好心人送的。他母亲又另用 3 元钱的价格同一辆运送邮件的四轮马车车夫达成交易：把她儿子带到哥本哈根城门口。

1819 年 9 月 4 日，14 岁的少年安徒生踏上了离别故乡的路。母亲把儿子的衣服收拾成一个小包袱，和祖母一起把安徒生送到市中心广场停有四轮马车的地方。

到了广场，母亲跟车夫说着请他多关照之类拜托的话。满头白发的祖母俯伏在孙子的脖子上哭泣着，她一边抹着眼泪，一边对安徒生说："我的好孙子，你已经长成大孩子了，能自己去我国的首都了，这是多么好的事啊，但是，外边不比家里，你要记得自己吃饱饭，照顾好自己，实在不行的话，就回来，不做演员，你还可以做其他的，千万身体要紧啊!"

安徒生郑重地点点头说："我知道了奶奶，我会照顾好自己的，您也要保重!"

马车夫吆喝了一声，安徒生恋恋不舍地纵上了马车。母亲和奶奶的身影越来越远，他在心里默默地说："奶奶、妈妈，你们等着吧!我一定要闯出一片自己的天地，让你们都过上好日子。"

此时的安徒生哪里知道，就在他离开家乡的第二年，他的祖母就长眠在了贫民窟的墓地里，等到安徒生成名的时候，祖母的坟墓都难以指认了。

当欧登塞在视线里逐渐模糊时，小安徒生开始幻想新的生活。

在一个阳光灿烂的下午，安徒生感到无比的开心，映入眼帘的每一件事物都引起他极大的兴趣。他站在马车上，手里紧紧攥着那封给芭蕾舞蹈皇后的推荐信，感到自己的心在怦怦地跳，他的心中激荡着对未来的美好梦想。

涌动在心中的稚嫩的豪情，促使安徒生写下这样的句子：

我变得伟大的时候，
我一定要歌颂欧登塞。
谁知道我不会成为这个高贵城市的一个奇人？
那时候，在一些地理书中，
在欧登塞的名字下，
将会出现这样一行字：
一个瘦高的丹麦诗人安徒生在这里出生！

安徒生一路上非常愉快，终于很快就要到盼望已久的哥本哈根了。他后来在自传中这样描写当时的心情：

马车左驾座上的车夫吹着他的号角。那是一个阳光灿烂的下午，太阳照进了我愉快天真的胸怀。我为映入我的眼帘的每一件新奇的事物感到欢欣，一路向着我心灵深处所向往的地方驶去。

然而，当安徒生到达大贝尔特海峡的尼堡港、离开他出身的岛屿时，他才“感到自己是多么孤单而可怜，除了天国的上帝再没有可以依靠的了”。毕竟，这是他第一次出远门，而且还是独自一个人，但尽管如此，他还是没有哭，依然选择坚强地向着自己的梦想之都走去。

追求梦想的历程

你必须先经受很多痛苦，只有这样，你才能真正实现自我价值。

—— 安徒生

初到首都遭遇挫折

1819 年 9 月 6 日，星期一的早晨，从弗里德里克斯堡山顶，安徒生第一次看到了哥本哈根。他拿着小包裹下了车，徒步走过公园，走过长长的林荫道，从城郊进入了城市。

从欧登塞到哥本哈根，马车几乎走了 100 英里的路程。安徒生坐在赶车人旁边一张硬板凳上，一路颠簸，弄得腰酸背痛。坐在车里时，还不感到十分明显，一走下车来，腰都有点伸不直了。过了好一会儿，才缓过劲来。

现在，这一路的考验，总算过去了。他挎着行李卷，进了城，沿着街道向前走去。

他终于来到了哥本哈根，这该不是做梦吧？首都著名教堂的高耸云霄的塔尖已经看得见了。他从画片上见到过这座教堂和它的塔尖。不错，的的确确到了哥本哈根。那巨大的漏斗形建筑物，旁边的古老的球形塔，还有那有名的城堡，都呈现在眼前了。不，他不是在做梦。尽管街上的行人一个也不认识，但他千真万确到了首都。

哥本哈根城内古塔星罗棋布，因此这座城市又叫“塔城”。每天傍晚来临时，古塔顶上金钟齐鸣，在一片悦耳的钟声中，更夫们走街串巷，把一盏盏装满鱼油的路灯点亮。

每到午夜，城门守卫把四周城门关闭，把开门的钥匙交到王宫里。直至第二天早晨，才去王宫把钥匙取出来打开城门。

此时，安徒生兜里的钱已经很少了，他只好先在进城的西门附近的小旅馆住下来。

安徒生最感兴趣的是剧院。

哥本哈根的戏剧艺术和舞蹈艺术是十分有名的，年轻的诗人和剧作家爱仑士雷格把丹麦悲剧艺术推进到一个新的阶段。歌星西博尼、舞星莎尔夫人、演员林德格连的名字是尽人皆知的。

安徒生来到了皇家剧院前面。它位于新皇帝广场的对面。好一座宏伟的建筑物啊！他看着它，心潮翻滚，激动得不得了。他站在剧院大门口，自言自语说道："几天之后，我将要从这扇大门进进出出了。我将要实现这一愿望。"

他绕着剧院走了一圈，细细观赏这幢宏伟大厦。他走到广告牌前，看了晚上演出的广告。之后，来到剧院售票口前。他多么想买一张戏票啊，哪怕是顶层楼座的戏票。

角落里，一个票贩子拦住安徒生，问他要票吗？

安徒生说："要啊！"并一再向他道谢。

初来乍到的安徒生不懂得人情世道，更不知道对方是个票贩子，抽出一张拿到手里，摘下帽子，毕恭毕敬地向他行了个礼，还以为人家会把票白白送给他。

票贩子以为安徒生在戏弄他，非常生气，那粗暴家伙不听他解释，举起拳头，劈头打过来。安徒生躲避得快，没有挨着揍。他把票扔过去，拔腿跑掉了。这是他到首都之后第一次碰钉子，真叫人丧气！

第二天，安徒生穿上那身行坚信礼时穿的衣服，戴着一顶总是要滑到快遮住眼睛的帽子出门了。他没有忘记穿靴子，而且还特意把它露在裤子外边。这可是安徒生当时最好的一身行头。

安徒生带着推荐信，去拜访芭蕾明星莎尔夫人。在按门铃前，安徒生跪下了，祈祷上帝能让他在这里找到帮助和支持。这时，有个女仆走下楼梯，她和善地朝安徒生笑笑，往他的手里放了一枚铜币，就轻快地走开了。

安徒生看看她，又看看那枚铜币。安徒生心想，自己穿的可是坚信礼服啊！她怎么会把他当成乞丐呢？于是，安徒生大声地叫住了她。而这个女仆回身只说了一句：“没事儿，拿着吧！”说完就走开了。

安徒生终于站在了莎尔夫人的眼前。她看着安徒生，一副特别吃惊的样子，然后她听安徒生说。

事实上，莎尔夫人根本就不认识向她写推荐信的老埃弗森。而且，在她眼里，安徒生的性情举止都显得极其古怪。

安徒生以自己的方式，向莎尔夫人真诚地表达了想上舞台表演的心愿。她问他觉得自己适合扮演哪类角色。

安徒生回答说：“我特别喜欢扮演灰姑娘这个角色。”

皇家剧团的演员在欧登塞演过这出戏，安徒生对那个主角着迷了，能凭着记忆把它从头到尾再演一遍。安徒生想，她是跳舞的，自然对灰姑娘跳舞那一段最感兴趣，于是他就表演那段给莎尔夫人看，显露一下自己的本事。

在征得莎尔夫人的同意后，安徒生把靴子也脱了。因为靴子太沉，无法轻灵地跳起来。然后，安徒生拿着那顶大帽子当铃鼓击节伴奏，开始边跳边唱：

财富对我们意味着什么，
浮华粉饰又是什么！

他跳的是《灰姑娘》中的一个段子。起先，她还靠在扶手椅上，以惊奇的眼光看着他的动作。但客人越跳越起劲，滑稽地跳个不停。她生气了，站了起来，呼唤她的仆人。

两个女仆进来，按她的吩咐，把这个不受欢迎的表演者赶出了屋子，连让他解释一下的机会都不给。他一出来，只听得门“呼”的一声关上了。那位夫人简直把他当作了有精神病的叫花子。她庆幸摆脱了这位不速之客的纠缠时，安徒生却两眼泪汪汪，心里委屈得很。但他又能去向谁诉说呢？

莎尔夫人后来告诉安徒生说，他那奇怪的手势和离奇的灵巧让她觉得安徒生的脑子出了问题。

没办法，安徒生只好直接去找剧院经理霍斯坦先生，请求他雇用自己。霍斯坦觉得安徒生长得太瘦了，不适合为剧院工作。

安徒生随即说："是吗？你只要每月付我 10 英镑的工资，我很快不就长胖了。"

霍斯坦先生严肃地看了他一眼，打发安徒生走时还加了一句，说剧院只雇用受过良好教育的人。

听了这句话，安徒生一下子跌进了痛苦的深渊，他想：是啊，自己是没有受过教育的穷孩子，但这是他的错吗？如果他生活在一个富裕的家庭里，会是这样的吗？

安徒生闷闷不乐地回到了小旅馆，此时，哥本哈根对于他来说，第一次变得悲凉和空荡。他在这儿不认识一个人，没有一个人帮助他，没有一个人听他歌唱。他伤心地想：也许，死是我唯一能做的了。安徒生的思想飞向了上帝，他轻轻地走到窗边，把窗户打开，他想这样跳下去，以后就再也不会痛苦了。

可是，当他一抬头，看见天空的一弯明月，他又突然想起了自己的妈妈：此时此刻，妈妈在做什么呢？她还是每天在河边给人洗衣服吗？河里的水那么冰凉，把她的手脚都冻坏了，但妈妈也没有想过要去死呀。还有爸爸死去的那个冬天，我生了那么重的病，都活了下来，如果就这样死去了，我的妈妈该怎么办呢？

安徒生又想起了他的演员朋友们说过的话："只有当你的一切全然错位的时候，上帝才肯伸出援助的手。你必须先经受很多痛苦，只有这样，你才能真正实现自我价值。"

安徒生大哭了一场之后，摸摸口袋里剩下的钱，对自己说："总会有办法的！不行我就回到欧登塞城学手艺去。”

第二天，安徒生又出门了，他想，自己既然来到了哥本哈根，好歹也应该去真正的剧院看一场戏再说，他买了一张观看歌剧《保罗与弗吉尼亚》的顶楼座戏票。

舞台上，正在表演着保罗与弗吉尼亚的爱情悲剧，他为这出戏剧痛哭流涕，旁边的几个妇人安慰他说：“小伙子，这不是真事，只不过是演戏，你不值得为他们悲伤。”为了安慰他，那几个妇人还给了他一块香肠三明治。

安徒生接过三明治，对她们说：“谢谢你们！我知道这是演戏，我并不是因为保罗与弗吉尼亚的爱情悲剧而哭泣，而是把剧院当作我自己的弗吉尼亚，如果我必须与它分离，我也会像保罗一样可怜。”

这几个妇人奇怪地看着安徒生，她们不怎么懂得他的意思。他就把自己到哥本哈根来的目的告诉了她们。

一个妇人说：“小伙子，你这么年轻，你的人生还有很长的路要走？但你不一定非要做演员啊！在做演员之前，你还可以尝试其他的工作，总之，先养活自己要紧。”

安徒生仔细思考着她们的话，问自己到底该不该离开呢？

成为歌唱家的梦想破灭

安徒生回到了客店后，带来的钱已经没有多少了。第二天清晨，结了旅馆的账出来，他发现兜里的钱已所剩无几了。

安徒生心里盘算着：这样一来，要么找个船长或别的什么人带自己回家；要么就得在哥本哈根跟个手艺人当学徒。当学徒似乎更明智，因为回到欧登塞也跑不了要当学徒。

而且，要是就这样回去了，安徒生能预想到人们会怎么取笑他。安徒生最终决定，留在哥本哈根当学徒是最可行的。

正在安徒生一筹莫展之时，他突然想起了和他一样作为额外乘客同来哥本哈根的赫曼生夫人。于是他按照赫曼生夫人留给他的地址，找到了她。

赫曼生夫人供安徒生在她那里吃饭、借宿。她还带安徒生出去买了份报纸，从报上看到有位住在伯格盖德的木匠正打算收学徒。于是安徒生就这样直奔他去了。

伯格盖德先生很和善，他收下了安徒生。第二天早上6时，安徒生就到了车间，认识了几个短工和学徒。他们正谈得很热乎，后来这些人的玩笑开得太粗鲁，安徒生被吓哭了。这使安徒生决定告别手艺人的生活。最后，安徒生匆忙地离开了此地。

安徒生在街上逛荡，他感到了极度的凄凉和失落。这时，安徒生记起在欧登塞时，曾在报上看到消息说，一个叫西博尼的意大利人担任了哥本哈根皇家音乐学院的院长。

安徒生心想：人们不是都夸我嗓音好吗！没准他会对我有兴趣。如果没兴趣，找个船长，让他当晚就捎我回费恩岛。

一想到回家，安徒生竟一下子兴奋起来。

安徒生记得西博尼的住址。他来到他住的街区，挨家挨户找去。终于找着了。他跟这位寓所的女管家说要见西博尼先生。

“年轻人，”女管家说，“西博尼先生不可能接见你。他正在跟几位朋友聚会，都是些很有名的人物，没有时间见你。你另找时间来吧！”

“可是我必须见他，”安徒生说，“我是一个穷孩子，从欧登塞来的，我的歌喉好极了。我只求他听听我唱歌和朗诵。一些有眼力的人都说我有前途，我自己也满有信心。但我现在的境遇糟糕透了。让我进去吧，让我向西博尼先生证实一下我的才能吧！他可能会对我感兴趣的。请不要拒绝我啊！”

安徒生一再请求，态度非常恳切，终于感动了女管家。她答应去通报西博尼先生。当女管家出来告诉他西博尼先生同意接见他时，他那高兴的劲儿简直无法用笔墨形容。

这一天，西博尼教授家里高朋满座、名流如云。在座的有著名作曲家卫斯、丹麦民族歌剧的创始人巴格森，以及其他一些有声望的音乐家。丰盛的酒宴过后，客厅里欢声笑语，琴声悠扬。

西博尼教授正在高谈阔论，向大家介绍意大利音乐的辉煌成就。这时，女管家进来通报，说前厅有人求见。教授忙问是哪位贵宾。女管家说是一个从欧登塞来的穷孩子，已在前厅等了半天，接着她又把这个穷孩子来哥本哈根奋斗的经过叙说了一遍。

安徒生被带进客厅。面对这么多的著名音乐家，他一时竟呆住了。不过，安徒生很快就看出，人们对他非常和善。西博尼教授笑容可掬地称他为“同行”，一再鼓励他镇静下来，给大家唱首歌。

安徒生鼓起勇气，唱起了歌剧《乡村之恋》中的一个咏叹调，由西博尼教授给他钢琴伴奏。他虽然没有受过声乐方面的基本训练，但嗓音还是不错的。唱着唱着，他联想起自己的痛苦生涯，感情愈加充沛。唱到最后，安徒生十分激动，禁不住热泪盈眶。

在座的音乐家们都深受感动。大家看得出，这孩子对音乐还很无知，但素质很好，特别可贵的是他对艺术怀着深厚的感情。

“我预言”，巴格森说，“他早晚有一天会成名。不过，当人们给你喝彩时，可不要骄傲。”

对于巴格森所说的，安徒生还不能完全理解。不过，安徒生绝对相信他们说的每一件事。而且，他们每一个人都希望安徒生好。借此机会，安徒生把自己的想法表达了出来。

西博尼答应帮安徒生训练嗓子，他觉得安徒生能作为歌唱演员出现在皇家剧院。安徒生高兴得喜极而泣。

当女管家带安徒生出门时，看到他异常激动的样子，她轻轻地拍了拍他的脸颊，建议安徒生第二天去拜访卫斯教授。她说，卫斯教授有意为他做点什么，教授值得依靠。

随后，安徒生真的去拜访了卫斯教授。卫斯教授也是穷小子出身，是靠自己的奋斗走出来的。他十分理解安徒生的不幸遭遇，利用那天那个愉快的时刻，为安徒生筹集了7英镑钱。这数目对安徒生来说可不算小了。卫斯教授还说，每个月将暂时给他一镑钱。

安徒生抑制不住心里的激动，他立刻给家里写了第一封信，说全世界的好运都落在他的头上了。妈妈的高兴劲儿就甭提了，她把信给每一个人看。有些人看了很吃惊，也有些人只是笑笑而已。

西博尼不会讲丹麦话，安徒生必须要学点德语。与安徒生一起从欧登塞来的赫曼生夫人，总是尽她所能帮助安徒生。她说服了一位叫布鲁恩的语言教师，免费教安徒生上德语课。

安徒生学了一些德语单词之后，西博尼的家向安徒生敞开了。西博尼给安徒生吃的，有几次还和安徒生一起唱音阶。

歌剧演员每天都来排练，有时安徒生也被叫去看。西博尼在听演唱时，常变得异常烦躁。他这种意大利式的火暴脾气全显现在了脸上，他有时用德语大叫，有时又用一种古里古怪的丹麦语喊着。

虽然他发脾气和安徒生一点关系也没有，但安徒生还是吓得浑身哆嗦，越来越害怕这位托管自己命运的人。

轮到安徒生唱音阶了，在西博尼严厉的注视下，他的声音发抖了。“你不用怕”，西博尼总是这么说。唱完了，安徒生走到门边，西博尼再把安徒生叫回来，往他手里放几枚铜币，面带微笑，用德语说：“一点小意思。”

安徒生从早到晚在西博尼的家里。另外，安徒生对这个世界的无知，使他每个夜晚都在家里度过，家让安徒生感到舒适、美好，而在街上却一点也没有这种感觉。拿着卫斯每月给自己的钱，安徒生不能住在小旅馆，得找个更便宜的地方。就这样，安徒生住到了霍尔蒙斯格德。

安徒生在西博尼家待了 9 个月。

1820 年，正当安徒生信心十足地勤学苦练的时候，他的嗓子突然坏了，失去了银铃般的清脆悦耳的嗓音。过去那种巨大的歌唱魅力一下子就无影无踪了。他唱起歌来像乌鸦“呱呱”叫一样难听了。这是多么大的打击啊！上帝对他太不公平了。因为变声，安徒生失去了原有的嗓音。

那年的整个冬春，安徒生穿着一双破鞋子，脚每天都是湿的。他的声音消失了，那些断言安徒生能成为优秀歌唱家的人也不再对他有指望。

西博尼对他爱莫能助，劝他回欧登塞家里去。他拒绝接受这一建议。

西博尼做了他答应做的一切，但安徒生的嗓子好久没有恢复，他失望了，不能再给他授课了。而且他本人也遇到了一些麻烦。那时在整个欧洲享有盛誉、被西博尼带到丹麦舞台上的意大利歌剧，这时遭到了反对。而这仅仅是因为那些是意大利歌剧以及西博尼是意大利人。

过了几个月，西博尼决定不再供养安徒生了。这年秋天，安徒生又接到皇家剧院经理处的通知，告诉他不要再在剧院参加任何演出了。就是说，连担任群众演员都没有指望了。剧院的大门向他关闭了。

这对安徒生来说，是多么大的打击啊！一切都得从头开始！而且卫斯教授等几位好心人为他募集的钱，也已经花光了。当然，他没有脸再去找他们帮忙。他们全都尽了力。

西博尼直言不讳地建议安徒生，夏天就要来了，赶紧回欧登塞学点手艺。

就这样，这次努力又失败了。现在，他完全靠别人接济生活。有位好心人每月支援他一点儿钱。但这点钱勉强够他支付房租和勒紧腰带吃饭。当然，每天不可能吃上3顿饭，更不可能吃上3顿饱饭。

早上喝杯咖啡吃块便宜的面包，午餐吃晚一点，喝杯麦片粥或一杯牛奶，晚餐往往什么也不吃，这是常有的事。

在困境中，安徒生的意志一点儿没有消沉。他穿戴还是那么利索。每天早晨，他把衣服刷得干干净净，蓝色外衣或裤子哪个地方的布面磨白了，他就仔细地用蓝墨水染上蓝色。衬衫或袜子哪个地方破了，他细心地用线补缀上。他处在长身体时期，个子又长高了，带来的那套外衣显得小了，没有办法换成大一点的衣服，他只好在走路和俯身时特别小心，不把衣服撑破了。

安徒生想到自己刚刚用煽情的词语，向妈妈描述过幸福如何降临，要是现在就回家，还不让人笑话死。安徒生知道等着他的会是怎样的嘲弄，一想到这儿，安徒生就悲痛极了。

在困窘中逐渐成长

安徒生经过一番思考，决定争取到皇家剧院附属舞蹈学校去学舞蹈艺术。但怎样才能去成呢？他左思右想，突然想到：著名诗人古德伯格不是就在哥本哈根吗？他住在城外新教堂附近，这是他在诗中多次歌颂过的地方。

安徒生和他是同乡，而且认识他的兄弟——欧登塞的同名陆军上校。这位上校乐于助人，过去还曾帮过他的忙。

安徒生很快查到，古德伯格就住在阿塞斯登公墓附近，他曾在他的诗中赞美过这里。安徒生写了封信给诗人古德伯格，讲了他的不幸遭遇，希望得到帮助。

安徒生在给他去信时说，自己现在非常窘迫，一两句话也说不清楚，希望能当面跟他说说自己以前的遭遇。

在安徒生猜想古德伯格已经收到信了以后，安徒生去拜访了这位诗人。安徒生见到古德伯格时，发现他被书和烟斗包围着。他长得很壮健，对安徒生很热情。

古德伯格先生热情地接待了他。他很赞赏安徒生的才华和钻研劲头，用他发表的一篇短篇小说的稿费支援安徒生。

古德伯格从安徒生的信里看出，他的拼写实在是糟糕透了，于是答应帮安徒生补习丹麦语。因为安徒生在信里告诉他，自己在西博尼家待过，于是古德伯格又测试了一下安徒生的德语知识，决定一起帮他补习德语。古德伯格甚至还把已经出版的一本小书的稿费，作为礼物送给了安徒生。这份礼物有 5 英镑多。

不仅如此，古德伯格还推荐安徒生到舞蹈学校去学习，舞蹈家达伦热情地接待了他们。

在见到这名舞蹈家时，安徒生感觉自己像做梦一样，直到达伦热情地与他交谈，安徒生才回到现实中来。

达伦说："不过，你还需要经过一场考试。有信心吗？小伙子。"

安徒生坚定地点点头说："当然！"

达伦把安徒生和古德伯格带到排戏的地方，选择了两三个荷尔培尔作品中的仆人角色，要安徒生表演。达伦说："你先来演一个傻瓜的角色吧！如果你能把这个角色表演成功的话，我就可以考虑让你去舞蹈班学习。"

安徒生这时紧张极了！在莎尔夫人面前，他已经有过一次失败的经验，这次，可绝不能再失败。

但对于要求让他表演一个傻瓜，安徒生还是没有充分的自信，于是，他小声地请求："先生，你要我演一个傻子，我想，倒不如让我扮演爱仑修甘尔悲剧中考莱奇奥这个角色的好。"

达伦听了，很惊异地笑了，他说："孩子，你说什么？你会扮演考莱奇奥那个角色？你说的是真的吗？好，那你就把考莱奇奥在画廊里的独白，念给我听听看。"

安徒生非常努力地表演完成以后，得到的却是达伦先生的批评。

达伦告诉安徒生，说他的确有演戏天分，可是，他想当一个演员，却是根本不可能的事。

安徒生听舞蹈家这么批评自己，伤心极了，但他在内心里依然舍不得放弃自己的演员梦。

尽管如此，达伦还是把安徒生带到了自己的舞蹈教室。安徒生高兴地以为，这是自己踏上剧坛的第一步。

在以后的日子里，安徒生每天上午都会去舞蹈学院练习伸腿、下蹲等基本舞蹈动作。但他自己知道，他除了对舞蹈的热情和愿望，没一点成为舞蹈家的指望。

达伦对安徒生说，他能学做个舞伴就挺不错了，为此，安徒生被获准可以在晚上来到舞台当配角。

当时的学校舞台不是特别井然有序，很像是在房檐下聚集很多人看热闹一样，当然，当舞台配角的工资也仅仅只有几个铜板。

有一天晚上，学校演出小歌剧《索瓦来的孩子》，安徒生在其中扮一个群众演员。他是穿着来哥本哈根时的那件礼服，戴着那顶帽子上舞台的。这件礼服由于他的个子长高而显得更小了，他只好勉强穿着，不敢挺直身子。

表演的时候，安徒生内心紧张极了，他尽量站在观众看不见的灯光较暗的地方，以免让人笑话。可偏偏到了演出结束时，一位还算有名的歌唱家从人群中把安徒生拉出来，并对台下的观众说："瞧瞧这位可爱的家伙……"不等安徒生回过神来，歌手已经把他拉到了舞台灯光前面，于是，观众看见了安徒生滑稽的样子都哄堂大笑。

安徒生感觉受了极大侮辱，眼泪不知不觉地从他脸上滑落下来。他痛苦地离开了舞台。

为了梦想，尽管在舞蹈学校有很多不愉快的地方，但他还是坚持在那里学习，寻找着更加珍贵的表演机会。

又过了不久，达伦创作了一部芭蕾剧《阿密达》，这部剧由莎尔夫人演主角阿密达，达伦做她的搭档。舞剧中还有 7 个特罗利。特罗利是斯堪的纳维亚民间传说中的巨人、侏儒、魔法家或者女妖等。

安徒生在剧中扮演第七个侏儒——一个守护财宝的精灵。为了扩大这部芭蕾剧的影响，剧团还向市民贴出了一张海报，那上面把安徒生的名字也写了进去。安徒生高兴坏了，一遍一遍地盯着节目单看。一个小演员看见他可爱的样子，故意取笑他："安徒生，你应该是出演第六个特罗利吧！"

"那怎么可能，我明明出演第七个。"安徒生认真地给他解释。

演出那天，安徒生穿了一件很小的衣服，这件衣服让他的全身显得鼓鼓的，这样，就有很多老演员来拿他开心。

一个女演员吓唬他说："安徒生，你的屁股露出来了。"

安徒生下意识地后退几步，摸摸后面。这时，另一个女演员便趁机用大头针在他的另一侧腰上戳了一下。

安徒生终于明白了这帮人在合伙作弄自己，于是很生气地说："你们真是欺人太甚！"

然而，别人的作弄，并没有影响安徒生的演出。这次出演非常成功，赢得了观众们对所有的演员的热烈掌声。安徒生心里也乐滋滋的，感觉有一种从来没有的成就感。

另一方面，卫斯也一直关心安徒生，他和其他几个人又为安徒生赞助了一小笔钱。西博尼家的两位女仆，也从她们微薄的薪水里为安徒生挤出了一点钱为他交房租，虽然她们只付了一个季度，但仍然证明她们的善心。这些钱虽然不多，但情谊是难忘的。

捐款人中还有从未和安徒生谈过话的作曲家库劳先生。库劳出身贫苦，据说他小时候在一个冬天的晚上为人跑腿，去买一瓶啤酒，摔了一跤，把酒瓶打破了，一只眼睛因此受伤失明。他深知做一个穷孩子的滋味，非常同情安徒生。

那位安徒生曾在她家住过的女士，听说安徒生从古德伯格和卫斯那里得到一笔钱，于是主动找到安徒生，说愿意为他提供宽敞舒适的住处。她不住地跟安徒生说，她会多么周到地照顾他，城里大多数人有多么坏，让安徒生觉得仿佛只有她家才是这世界上最安全的地方。

其实，这个房东给安徒生提供的那间房，只不过就是一间没有窗户的食物储藏室，厨房的门敞开才能透进些光亮。她答应安徒生，只要他愿意，随时都可以去客厅里坐。而且，在最终决定以前，他可以在她家试着住两天，看看吃喝得有多好。但她说，房租一个月不能少于两镑。

这让安徒生感到有些太为难了，因为安徒生每个月的收入都加起来，还不到32先令。而且，这钱不能全花在住宿上，他得吃饭、穿衣，还得买自己所需要的其他东西。

后来，女房东意识到在安徒生身上榨不出更多的油水，于是就对他说，每月32先令，就住下吧！安徒生简直乐坏了。第二天，安徒生就把钱全给了她。心底的那份高兴实在难以形容，因为自己现在有一个家了。

女房东利用他的天真善良，大敲他的竹杠。她每月要他预交房租，把他的钱全掌握在她手里。女房东拿走了安徒生所有的钱，他已经没有一分钱可供支配了。但女房东有时会让安徒生为她跑腿儿办事，总给他一便士。她说，她不想占任何人的便宜。

安徒生用这应该得到的报酬，买些写字的纸或者买些旧剧本。没过多久，安徒生意识到读更多能引起自身兴趣的书，没有哪儿能比得上大学的图书馆。安徒生听说班克福德教堂雷根森的主监老拉姆斯·奈若普也是个农家子弟，在欧登塞上过学。

一天，安徒生去拜访拉姆斯·奈若普，告诉他自己也是从欧登塞来的。安徒生好奇的天性吸引了这位老人，他喜欢安徒生，让他去教堂图书馆看书，条件是看完后必须把书放回原处。安徒生严格遵守，不敢有丝毫的大意。

后来，奈若普还允许安徒生把一些带插图的书拿回家看，他也保管得非常仔细。能看到书，安徒生真是快乐极了！在这期间，他读了彼得·吴尔夫新译的莎士比亚的剧本，读了华特·司各特的历史小说。他还读了丹麦文学史方面的著作。

丹麦文学的核心人物爱伦士雷革在20年前还是一个毫不出众的年轻人，亲近他的人都骂他轻浮狂妄，因为他既不愿意当律师，又不想做商人。但他怀着复兴衰落的丹麦文学的雄心壮志，在文学上走出了一条自己的道路，现在已被公认为“丹麦文学的太阳”。他的榜样作用使安徒生很受鼓舞。

爱伦士雷革以他的诗歌《金角》掀开了丹麦文学的新的一页，随后他的悲剧作品一部接一部问世，赢得了极大的声誉。安徒生很喜欢他的作品。

当他读到他的童话剧《阿拉丁和神灯》时，感受特别深刻。狡猾的巫师努勒丁施展全部手段，阴谋占有那盏神灯。但这盏神灯却被富于幻想、心地善良、朝气蓬勃的阿拉丁掌握了。

这部剧本写于1805年，正是安徒生出生的那一年。这是巧合呢？还是意味着这一年诞生了一个新的阿拉丁？不管怎么说，他这几年是像阿拉丁那样在艰苦地寻求着。安徒生是在寻求什么样的一盏神灯呢？

安徒生在哥本哈根住了一年多，花光了从古德伯格和卫斯那儿得到的钱。这一年里，安徒生觉得自己长大了，至少就羞耻感来说是这样。如果安徒生不得不张嘴向别人说起他缺少和需要什么东西，他会觉得很痛苦。

安徒生搬到了一个海员的遗孀家里住，住在那儿，除了每天早晨一杯咖啡，什么也没有。那是一段沉重、昏暗的日子。每到晚上，女房东还以为安徒生是和相识的、不同的人出去吃晚餐了，而事实上他常常只是坐在皇家公园里，啃着一小块白面包。有时，安徒生想鼓足勇气走进一家最便宜的咖啡店，在里边安静地坐一会儿。

安徒生的鞋上有洞，下雨天脚总是湿的。遇到冷天气，也没有暖衣服穿。一切显得那么凄凉。但这对于安徒生来说，并不是多重的负担。他感到，任何一个跟他亲切说话的人，都是他真正的朋友。

不知有多少个夜晚，安徒生禁不住发出一个单纯孩子的祈祷："一切都会再次好起来的。"安徒生真的满心相信一切能够好起来，因为他相信上帝不会抛弃他。

那段日子，安徒生一有空就出去到林中走走。他还曾到过鹿苑，痴迷地看着那里的人们如何像欧伦施莱格的《仲夏夜的喜剧》中描绘的那样，享受着快乐时光。

公园里到处是愉快的人群，有花样骑车的，有来回来去荡秋千的，有小动物，有荷兰女人开的蛋奶烘饼店。树下还有一些犹太人，把小提琴拉得发出尖锐刺耳的声音，唱着，叫着。

所有这一切，比林中的自然美景更令安徒生陶醉。一切都是那么的新鲜、生动、丰富，充满了生机和活力。

春日的一天，安徒生去了弗里德里克斯堡的公园，在他看到的第一棵山毛榉树的树叶里，他突然发现了自我。树叶在阳光的照射下，显得晶莹透明，清新的空气里弥漫着一股清香味儿。

草菁菁，长得挺高，鸟儿们在唱歌，安徒生被这一切陶醉了，开始与它们一起沉浸在欢乐里。

安徒生张开双臂，抱住一棵树，亲吻着树皮。那一刻，他全然觉得自己是自然之子。

“他疯了吗?”花园的勤杂工在他背后说。安徒生被吓了一跳，然后跑开了，平静地回到了城里，开始重新面对坎坷的命运。

选定成为诗人的目标

来哥本哈根两年后的一个春天，安徒生突然发现自己的嗓音恢复了，而且开始变得更加洪亮，且有回响了。于是，安徒生又有了想要去唱歌的念头。

1821 年 5 月，安徒生去拜见了皇家歌剧院的歌唱教师克拉森先生。

克拉森先生对他很热情，他对安徒生说："我听说过你，小伙子，如果你愿意去合唱团的话，我会帮助你的。"

安徒生真的太高兴了，他说："如果可以的话，我会万分感谢您的推荐。"

很快，克拉森便在团里为安徒生谋到了一个位置，并说通过合唱可以更好地练声，还可以得到登台亮相的机会，也许到时能唱上一两段。

一个新的可能实现自己最大梦想的途径，展现在了安徒生的眼前。安徒生从舞蹈团转到了合唱团，并时常登台露脸，扮演了《罗伯家的城堡》和《约翰尼·蒙特福肯》里的牧羊人，以及武士、水手或类似这样的角色。如果剧院的票没有卖光，安徒生就会获准进入乐池。他从不错过这样的机会。

此时，剧院是安徒生的整个世界，那里有他的生活和梦想。安徒生以前从未感到，他是那么依赖别人的仁慈和友善，他甚至连最简单的生活必需品都没有。在他感到悲观失意的时候，也会认真思考自己的未来，但更多时候，安徒生仍是一个无忧无虑的孩子。

上流社会里最早关心安徒生的，是丹麦著名政治家克里斯蒂安·

科伯乔森的遗孀和她的女儿范·德·玛斯夫人。她们十分同情安徒生的遭遇，欢迎他去家里做客。

科伯乔森夫人夏天常去诗人拉北克夫妇的希尔庄园度假。安徒生到了他们的家，很快被让进客厅。拉北克从不和安徒生说话。拉北克夫人是一个活泼、和蔼可亲的女人，她常和安徒生聊天。

安徒生当时已开始写类似喜剧的东西，写好了就读给她听。有一次，拉北克夫人刚听完头几幕，就惊叫起来："天哪！里边好多不都是从欧伦施格尔和英格曼的作品中抄来的吗？"

"是啊！我当然知道，但他们写得多精彩呀！"安徒生十分坦白地承认，并想要继续读下去。

但是拉北克夫人打断了安徒生，对他说："听着，孩子，你应该自己创造，相信自己，你创造出来的作品应该会比他们更加棒的，不是吗？"

安徒生羞愧地低下了头，说："好的，夫人，谢谢您的指导！"

从那以后，不论如何，安徒生都按照自己的想法写诗，并得到了拉北克夫人的大力支持。

一天，安徒生正要去找科伯乔森夫人，拉北克夫人给他送来了一大把玫瑰花，并对他说："带上这个，科伯乔森夫人从诗人手里接过这束花会很高兴的。"

这句话是她半开玩笑地说出来的，但这是第一次有人把安徒生同"诗人"一词连在了一

起。此时，安徒生的身心沉浸在快慰之中，泪水禁不住夺眶而出。

从这一刻开始，安徒生意识到自己将把全部心思用来写诗，成为诗人是他生存的目标。

拉北克夫人最喜欢的女演员安德森夫人也住在希尔庄园。为逗安徒生开心，安德森夫人给安徒生取名叫“老是好奇的小家伙”，这个绰号后来也出名了。

安徒生确实是个充满好奇心的孩子，人们有时笑话他，而安徒生从他们的微笑里，只读出了赞许。

有位后来成为安徒生朋友的人告诉他，他第一次遇见安徒生是在一个富商的沙龙里，人们为能拿安徒生的感受开心，要他背诵一段自己的诗作。安徒生的诗带着那种率真的感情，诗中无意识地表现出了内心的深沉。听完了安徒生的背诵，他们的嘲弄变成了同情。

剧本遭到无情拒绝

安徒生曾把一位值得尊敬的老夫人的家当成了避难所，她就是著名人物厄本·尤根森的母亲。她的家让安徒生终生不忘，那些已经消逝的声音，始终在安徒生特别容易接受新事物的心灵里回荡。

尤根森夫人每天都读古典名著，看完高乃依和拉辛的作品之后，就和安徒生谈他们的高尚思想及其刻画人物的方法。她还以母亲的热烈感情，谈起了自己被流放的儿子，战时他曾以岛国国王的身份出现在冰岛，简直像童话一样。

对他为什么再也不能回到丹麦，她分析他的性格特点说，坚强的意志在他儿时就已显露无遗。这位老夫人的整个经历、思想和阅读，对安徒生有很强的吸引力。

而安徒生对于尤根森夫人来说，就是一个能使她感觉愉快的孩子。她听安徒生读了他最初写的那些诗作，还有悲剧《森林里的教堂》。

一天，尤根森夫人表情凝重地对安徒生说，“你是个诗人，或许能和欧伦施格尔一样伟大！再有 10 年，唉！那时我可能已经死了。但要记住我啊！”此时，安徒生的双眼竟一下子溢满了泪水。

安徒生感觉尤根森夫人所说的话里，包含着某种奇怪、高贵的意味，他被她的话迷住了。但同时，安徒生觉得自己不可能成为那种有知名度的诗人，更别说能成为像欧伦施格尔那样有名的诗人。

“真的，你还是得去上学。”尤根森夫人说，“不过，条条大路通罗马，你或许能找到自己的路。”

“你得去上学。”这是每个人都反复说的一句话。每天，安徒生都听人说，上学是多好的事。再说，对自己也是绝对必要的。人们鼓励安徒生上学，甚至有好多人因为他不上学而责骂他。

关于上学的事情似乎变得严重了，可没有人具体帮助安徒生。突然，安徒生眼前一亮，想出个好主意：是了，写一篇悲剧，交给皇家剧院。自己的戏剧要是能够上演，不就有钱上学了吗？

于是，安徒生模仿当时的剧作家罗森吉尔德的一篇德语短篇小说《信鸽》，写了一出无韵诗体的悲剧。古德伯格读着安徒生写的丹麦文，认为这不过是篇散文，练练语言还行。他坚决不同意安徒生把这样的剧本交给剧院。

安徒生随即又新写了一出戏，还是悲剧。这回不让古德伯格知道作者是谁，而且是编自己的故事。安徒生把这出“爱国主义的悲剧”起名叫《威森博格的强盗》。

威森博格是欧登塞附近的一个小村庄，那儿流传着不少绿林大盗的传说。有一个传说讲：某强盗头目化装成贵族少爷，爱上了一位少女，这位少女来到强盗窝里，发现那里满堆满堆的金银财宝。强盗们进来时，她悄悄地藏到床底下，偷偷地看见他们把一个女俘杀死，把她戴着戒指的手指砍下来，这只手指滚到了她藏身的床边……

安徒生就是利用这个传说，又做了许多补充，写成这出悲剧的。他打算把这出悲剧匿名交给皇家剧院上演。他不想让别人知道是他写的，但有一个例外，那就是他准备到教堂行坚信礼期间在欧登塞遇见的拉乌拉小姐，她是那时唯一对他表示关怀和友好的人。她现在也在哥本哈根。他想在把剧本交给剧院之前，先听听她对剧本的意见。

善良美丽的拉乌拉小姐亲切地迎接他，听他朗诵了手稿第一幕。但她心里有事，叫他停下来，说道：“亲爱的安徒生，情节太有趣了，你下次来一定把剧本全部念给我听。今天我姑妈等着我去拜访朋友。要不然，你把手稿留下，我自己来读，好吗？”

“不过，我的字写得不好，你读起来恐怕费劲吧！我想把剧本交给剧院上演，现在就担心别人一看这样潦草的字就不愿意读它。”

“看来，你还想找人重新抄写稿子，是吗？这样吧，你把稿子留下来，我出钱请人帮你抄写，怎么样？”

“那可太好了！你想得真周到，但我有一个要求。”安徒生有些不安地说。

“请讲吧！”拉乌拉小姐耸耸肩说。

“嗯……”安徒生略想了一下说：“我希望这个剧本不署我的名字，只让你一个人知道是我写的。这样，可以吗？”

拉乌拉小姐微微一笑，说：“你是说，让我保密？”

安徒生害羞地点点头。

拉乌拉小姐也向他点点头说：“好的，我一定守口如瓶。谢谢你对我的信任，安徒生。”

于是，这个没有署名的剧本，被寄了出去。

在强烈的期待中度过了6个星期以后，剧本寄了回来。退稿信上说，像这种缺乏最起码的基础教育的剧本，以后再不要往剧院寄了。

本来，安徒生对这部剧本寄予很大的希望。没想到被剧院断然拒绝，还写了那样不好的评语。这像一瓢冷水泼来，使他感到周身颤抖。

1822年5月，戏剧节快结束的时候，安徒生又收到了一封信，是剧院管理部门写给他的，通知他暂停在合唱团和芭蕾舞团的活动，他们觉得这对安徒生来说无济于事。他们希望，所有他的朋友能帮助安徒生接受教育，获得知识，这是谋求自己在这个世界上的生存位置所必需的。否则，任何天赋都于事无补。

安徒生感到自己仿佛一下子被抛到了汪洋大海之中，孤立无援。此时，安徒生明白，他“必须”得给剧院写戏，剧院也“必须”得接受，这是他唯一能自救的希望和途径。于是，安徒生模仿撒姆索的短篇小说，又写了一出悲剧叫《阿芙索尔》。

他把这部剧本第一幕念给朋友们听，受到许多人的赞誉。年迈的尤尔根夫人甚至感动得热泪纵横。她的一位当牧师的朋友还表示要写一封推荐信，把这部剧本推荐给皇家剧院。

安徒生又去拜访译莎士比亚剧本的翻译家彼得·伍尔芙。一进屋，安徒生开门见山就说："彼得·伍尔芙先生，您翻译过莎士比亚的作品，我非常敬佩您。我写了一个悲剧，可以读给您听吗？"

伍尔芙一家正在吃早饭，他亲切地说："别急，先坐下来一起吃早饭。吃过饭念给我听也不迟呀！"

"不，饭我不吃了，我急着听您的意见。"安徒生没有心思吃饭，只想全速朗读自己的剧本。

"你真是个急性子的人。好吧，请念吧！"

安徒生兴致勃勃地念起剧本来。一念完，站起来问道："您认为我会成功吗？"

"你才写完第一幕呀！你什么时候再来？我欢迎你。不会很快就全写完吧？"

"为什么不呢？"安徒生有点惊讶地说，"我马上接着写，两个星期就可以写好……再见了！"说完，安徒生就走了。

等安徒生离开，伍尔芙继续吃早饭。此时，他的饭菜都已经凉了。

安徒生呢？在得到了伍尔芙的肯定之后，更加有了创作的激情，回去后，他很快地完成了剧本《阿芙索尔》，随后，他又写了一篇小说《帕尔纳托克墓地上的幽灵》，这是他平生写的第一篇小说。写的是猎人巴列的幽灵，夜间在农舍出现的故事。这故事是他小时候到邻村取牛奶时多次听到过的。他剔除迷信的成分，对一切离奇的事情做了合乎情理的解释。以他爷爷作为疯老婆子斯吉娜的模特儿。

以上作品都是安徒生写作的尝试。他把它们编成一个集子。叫什么集子为好呢？就叫《尝试集》吧，署名呢？署个笔名吧，什么笔名好呢？他热爱威廉·莎士比亚和华特·司各特，写作时深受他们作品的鼓舞。笔名就叫“威廉·华特”吧！不，还得把自己的名字加进去，叫“威廉·克里斯蒂安·华特”吧！他认认真真地在“尝试集”几个字下面署上了这个笔名。他在前言里，用诗的形式讲了一个17岁的作者充满戏剧性的生平。

安徒生找到一个寡妇经营的一家小印刷所，想出版这部集子挣一点钱维持生活，但这个出版商说必须有一定数量的预订者才能付印。一时找不到订户，这部手稿就一直放在这家印刷所。

若干年以后，在没有通知作者的情况下，这部集子原封不动地出版了。这部集子当时虽没有出版，但在这年8月份，《竖琴》报发表了《威森博格的强盗》的第一幕，编辑部给了安徒生一笔小小的稿费。他正需要钱维持生活，这笔意外的收入虽然数目很小，但一时解了他的燃眉之急。

前往斯拉格斯上学

在伍尔芙的引见下，安徒生认识了当时丹麦著名的物理学家奥斯特德。奥斯特德给了安徒生以勇气，并预言他未来的成就甚至会得到祖国的认同。这使安徒生备受鼓舞。很快，奥斯特德的家就成了安徒生的家。

就是在奥斯特德的家，安徒生遇见了一位最年长又最忠实的朋友哥特费尔德教长。他很同情安徒生，给他以最热情的赞许，又给他最大的实际帮助。当哥特费尔德教长看完安徒生幼稚的悲剧《阿芙索尔》时，马上写了一封推荐信，随剧本寄给了剧院管理部门。

随后，安徒生生活在希望和惊恐之中，假如这部戏再被拒绝，真不知道该如何面对。当时，安徒生在经济上也遇到了一点困窘。当然，有许多认识他的人给予了帮助。只要有人和安徒生亲切交谈，他的脸上就会洋溢着快乐。

《阿芙索尔》送到皇家剧院经理处之后，经理处把它交有关人员来裁判它的文学价值，执行此任务的人是剧院经理处的艺术行家、鉴赏家林恩·拉贝克。

这是一个穿着一件旧的带花边的衬衫，行动迟缓而又慵倦疲惫的老头儿。他把这部剧本带回家阅读，看到封面上写着安徒生的名字，想起 3 年前这个年轻人曾求助于他而被他拒绝了。

拉贝克手里拿着剧本，想：看来，这年轻人有一股子劲头。他读了第一页，不满意地皱起眉头：陈词滥调，词不达意。可是往下读下去，啊，人物性格勾勒得很鲜明。作为一个没有受过教育的年轻作者，居然写得这么好，真是难能可贵啊！这只有很有天赋的人才能做得到。

拉贝克自言自语地说："这个剧本如果在皇家剧院上演，肯定是不成熟的。但这位年轻的作者却是很有培养前途的。他应该上学受教育，唔！……应该请国王发给他一笔公费。可谁有这么大的面子呢？"拉贝克随即想到了只有枢密官乔纳斯·柯林能帮上这个忙。

柯林是丹麦最著名的人物之一，又是皇家剧院导演和负责经济的经理。他非常重视培养最杰出、最优秀的人才。

1822年9月13日，安徒生被叫到皇家剧院经理处。拉贝克告诉他，皇家剧院不准备上演他写的悲剧《阿芙索尔》，剧本不成熟，韵律混乱，又缺乏舞台计划。安徒生感到很失望。

"别泄气，"拉贝克接着热情地说，"我相信你会成为一个作家的，我把你的情况详细地给柯林先生讲了。你听说过这个人的名字吧，他是枢密官，又是皇家剧院著名的导演之一。我相信，当他了解这个剧本是像你这样小小年纪，而且没有受过教育的孩子写出来的，他会感到这是很了不起的事。再说，柯林先生是乐于助人的。他一定会理解你，乐于帮助你。你等着看吧！"

其实安徒生早就和拉贝克口中的柯林先生见过面了，那是在前一年1月，乔纳斯·柯林刚出任皇家剧院的新院长时，在古尔德伯格教授的竭力劝说下，安徒生去柯林所在的布莱德盖德的家做过客。但，这位柯林先生工作非常繁忙，根本来不及听安徒生做自我介绍。

但是，安徒生没有放弃，他在1821年4月2日自己16岁生日那天，又寄了一封信和一首诗给这位有权势的院长，在信中，安徒生强烈地表达了要成为皇家剧院永久的一员的请求。这封信明显充满着感伤，另外还有一些粗心所致的错误，这些错误不仅表明寄信者十分年轻和缺乏教育，而且表明他是多么匆忙地寄出了附在信中的那首诗。安徒生甚至没有正确拼写收信者的姓名和头衔。给乔纳斯·柯林的诗的上方写的是："枢密院顾问柯林先生"。

安徒生觉得，自己的这首诗一定能够激起柯林慈父般强烈的同情感，而这种同情则会使自己最终在戏院台阶下的国王新广场——塔利亚圣殿靠岸。

这首诗是这样写的：

我在远处看见艺术圣殿，
在海浪拍击的峭壁间，
我匆忙向那里赶去，哦！如此急切，
以至于没看到沉船和其他各种危险。
这些灾难吓不倒我，我看见
疯狂的波浪与这些危险一起嬉戏，
因为我的心中始终燃烧着一种激情之火，
希望抵达这个渴望已久的海岸。
我将登上陡峭的悬崖，
然后看见近处的塔利亚圣殿。
此时，没有人会像我一样快乐，
没有！绝对没有。

通过这种方式，柯林收到了一个奇怪的男孩有力的暗示。

之后，安徒生还第一次走进了那个后来变成他的家中之家的房子。到柯林家以后，柯林和安徒生聊天。在他身上，安徒生看到的只是个生意人。

柯林说话不多，但他所说的话却让安徒生觉得严肃，甚至严厉。这让安徒生感到不舒服，于是他起身告辞。而现在，安徒生又从拉贝克的口中再次了解到这个人，这位高傲的柯林先生会帮助自己吗？安徒生一点把握也没有。

事实上，柯林先生自从在《竖琴》上看到了安徒生写的《维森博格的强盗》之后，就对这个年轻人有了兴趣，现在，他的助手拉贝克又把《阿芙索尔》推荐给他，让他有想要再次见到安徒生的想法。

这一天终于来到了，柯林直截了当地对安徒生说："以您现在的文化程度，怎么能写出供皇家剧院演出的剧本呢?!"

安徒生一听这有礼貌，然而冷冰冰的话，觉得事情没有指望了。柯林先生压根儿没有夸奖《阿芙索尔》一句。

柯林先生用平静的语调继续说道："您应该接受系统的正规教育。我想问您，您想进拉丁学校学习吗?"

"太想了，那是我多年梦寐以求的事。但是我家穷，没钱进这个学校学习。"安徒生老实地回答。

"这样吧，"柯林先生还是那么平静地说，"我想想办法来帮助您，我马上把您的情况给国王谈谈，建议他批准每年给您一笔皇家公费，使您能支付您求学期间的生活费用。"

几天之后，柯林先生的奔波有了结果。国王弗雷德里克四世答应在若干年内每年给安徒生一笔一定数量的款项。通过柯林的关系，拉丁学校的董事们准许安徒生到斯拉格斯的初中免费受教育。

柯林还说，斯拉格斯文法学校来了位聪明的新校长，他很快就会代表校董事会宣布可以让安徒生免费就读，并且，自己还将亲自负责监督安徒生的学习。正是因为如此，这位柯林先生后来成了对安徒生来说像父亲一般的亲人。

这一切来得太快了，让安徒生一时间不知所措，大为吃惊。他觉得自己的人生会出现这样的转折点，以前哪怕半刻都没想到过。安徒生欣喜若狂，可对于马上就要开始学的课程，脑子里一点概念都没有。

过去所受的一切屈辱都成了过眼烟云，欺负过他的所有人在他心目中已无影无踪了。眼前的情景有多美好啊！这个世界有多美好啊！安徒生内心充满了激动，充满了对在困境中向他伸出救援之手的人们的感激之情。

当安徒生再次去拜访柯林时，是为了向他表示感谢。这回，柯林对他不那么严肃了，他十分温和、亲切地对安徒生说："不要怕给我写信，有什么需要，有什么进步，尽管来信告诉我。"从那一刻，柯林把心都掏给了安徒生。

柯林就像父亲一样，关爱、呵护着安徒生。他给安徒生如此巨大的帮助，却从来不提一个字，哪怕连一个会造成安徒生心理重压的眼神儿都没有过。这次转折，改变了安徒生的命运。

多年以后，安徒生在自己的自传中，写下了这样的句子：

> 从这一刻起，我在他的心里种下了根，我觉得，世界上再没有一人像他那么关心我、爱护我，也再没有一个会对我那么用心，过去是这样，现在还是这样。我想，即便是我的亲生父亲，也不过如此吧！当然，我还应该感谢很多关心我的人，但他和所有人都不一样，从此，我将更加严厉地劝诫自己一定要勤勉苦读，才能对得起他对我的礼遇。

动身的时间很快就定了下来，但是安徒生还有自己的事要处理。他把《阿芙索尔》往剧院寄的时候，曾跟从欧登塞来的一个熟人提起过。这个年轻人正为一个寡妇管理一家出版社，他答应把安徒生的《阿芙索尔》和一篇叫《帕尔拿托克墓里的幽灵》的小故事一起出版。

安徒生把手稿给了他以后，一直放在出版社，就再没有碰过。离开前，安徒生碰巧经过那家出版社，可是门关着。于是，安徒生就把手稿忘到了脑后。心想它要是出版了，大概会给自己带来惊喜。

几年以后，这事儿真的发生了。安徒生原想拿走他手稿的人已经死了，事情就撂到一边，忘掉了。待书出版时，安徒生却一点儿也不知道。

书是以原稿形式出版的，作者署的是笔名。安徒生选的这个笔名，带着极大的虚荣，但这更表现出了一个孩子对他最崇拜的偶像的热爱。安徒生喜爱威廉·莎士比亚和华特·司各特，当然也爱自己。他自己起的名字叫克里斯蒂安，因此，安徒生就把威廉·克里斯蒂安·华特，定成了自己的笔名。

在一个阳光明媚的秋日，安徒生坐车离开哥本哈根，前往斯拉格斯上学。安徒生给妈妈写了一封洋溢着快乐的信，他在信里说：

妈妈：我心里是多么希望父亲和老祖母能活着，听到我说“我正在去文法学校的路上。可惜，这是不可能的事了……”

求学的曲折之路

友情不是单纯的，是融在情与意中的一种感觉。

——安徒生

取得学业上的进步

1822年10月26日，安徒生乘邮车离开哥本哈根去斯拉格斯上学。一个大学生坐在他旁边，他是回家去看望父母的，见安徒生才去上初中念书，对安徒生说，他要是像安徒生那样大了才念初中，那真是太不幸了。

可是安徒生却为眼前展现的前景而欢欣鼓舞，他非常珍惜这来之不易的学习机会。

安徒生到斯拉格斯时，已经是深夜了。他先住进了一家小旅馆。后来，在一位有教养的受人尊敬的寡妇那里，安徒生解决了膳宿。从他的小房间，可以俯瞰到花园和远处的田野，葡萄藤的叶子垂挂下来，遮住了阳光暴晒的绿色窗户。

斯拉格斯离首都12英里，是诗人贝格生和巴格曼上过学的地方。不过这小城的确不大，少数骑兵军官构成了绅士们的社交界。在这里，大家都知道谁家在做什么，哪个学生在班上表现得怎样。这儿有一家私立剧院，在排练期间，拉丁学校的学生和小城里的女佣人一般都可以进去参观排练。

在这个小地方，来一个陌生人简直是一件大事。邻居们纷纷以种种借口来看汉涅堡夫人，其实，是来瞧瞧安徒生这位皇家公费生是怎么样一个人。安徒生待人诚恳，乐于交朋友，有时他还给他们念自己写的作品，他们感到又新奇又高兴。

到斯拉格斯文法学校报到后，因为安徒生什么都不懂，学校就安排安徒生进了倒数第二年级的小孩班。

安徒生就像一只野鸟被关进了笼子里。他真心渴望学习，但有些知识超越了他的理解力，安徒生被弄得手忙脚乱，数学、地理、语法等，让安徒生感到晕头转向。

有时，安徒生连名字的发音都出错；有时，又把很多东西全混到一块儿，或者提出一些有教养的学生不敢提的可笑问题。

这所拉丁学校的主任名叫西蒙·米斯林。他是一位翻译家，在古代语言方面造诣很深。他还写悲剧，参加国内的文学论争。安徒生觉得，他将是自己的一位好的导师，师生两人都喜欢诗歌，都写悲剧，一定有共同的语言。

可是这位主任脾气古怪，喜怒无常，说话尖酸刻薄，特别喜欢挖苦人。上课时学生对他提的问题回答得不好，都要受到他的讽刺与责备，好像只有这样才是对学生严格要求似的。这使安徒生变得很害怕，也没了信心。

安徒生在班上年龄最大，个子最高。有一次没有回答上主任提的问题，主任就说："你个子这么高，像一截长长的空树筒子，肚子里什么也没有呀！"全班哄堂大笑，弄得安徒生极为难堪。

此时，安徒生十分明智地意识到，他得暂时放弃所有写诗的念头，现在亟须锻炼的是能力。

安徒生到这所学校后，努力和同学们交朋友，他的同学都是十一二岁的孩子，可安徒生已经 17 岁了，长得又瘦又高，历史课老师半开玩笑半认真地对他说："你简直可以一截两半，够上两个学生的材料。"

同学们第一次看到他时都感到好奇：这是一个什么人物啊？长得比有的老师还高，可又瘦得出奇。安徒生的举止风度，也跟同学们全然不同。

同学们年纪小，很淘气，他跟他们交朋友实在不易。他们那样年龄的人是一大帮，而安徒生这样大的只他一个人。他们常拿他开玩笑，搞恶作剧。这时他不得不一本正经地劝他们不要这样。可他们居然吓唬他说："你这个高树筒子，要当心的倒是你自己。"

尽管跟同学们在一起不是轻松的事，不过，安徒生为人善良宽厚，诚实坦率，受到委屈不到老师那儿去告状。他还会讲许多有趣的故事，而且不掩饰自己知识上的不足。慢慢地同学们不怎么取笑他了。

安徒生在这之前没有上过正规学校，好多东西都没学过，拉丁语知识几乎等于零，希腊语、几何学，甚至地理课对他来说也全是新的东西。刚到学校时，站在地图前面都指不出哥本哈根在什么地方。在这所学校学习，对他来说不是一件轻松的事情。

可安徒生的学习决心很大。上课时聚精会神听讲，竭力不放过老师讲的每一句话，努力弄清老师讲的内容，晚上认真复习，打瞌睡时，就用冷水洗头，或者一个人在房后的花园里跑上几圈，让头脑清醒过来，又继续复习，努力去领会书本上的内容。

当然，他在课堂上，也有思想溜号的时候，有时老师解释某一个词，或者讲到某个历史人物时，他会突然产生一些相关的联想，比如有一次他突然闪过一个念头：画家达·芬奇的生平，足够写一部悲剧啊。接着脑子里产生一连串的诗句，连接成一些模糊的形象。他一发现溜号了，立刻把思绪拉回来，继续聚精会神听课。可是前面的内容没听进去，晚上就得加倍努力，通过自己的钻研来补上。

安徒生每天晚上都手捧教科书，用功到深夜，脑子停止转动了，书上的句子黑糊糊地连成一条线了，眼睛不由自主地闭上了。他靠毅力再睁开眼睛，再学习。有时实在学习不下去了，他就拿起笔记本，写起诗来，这时劲头就来了。好多感受，钻进脑海里，一句一句的诗，跳出笔端，爽利地落到笔记本上。

安徒生听说学识渊博的巴斯托尔姆先生住在附近，他曾经是斯拉格斯的《西兰岛报》的编辑，找了个休息时间去拜访他，把两部早期作品呈送给他。

他于1823年2月1日非常诚挚地写了封信给安徒生。信里说："我的青年朋友，我已经读了你的序言。我必须承认，上帝赋予了你丰富的想象力和一颗富于同情的心，但你的智力仍然需要培养，这是可以达到的，因为你现在有一个实现它的好机会。你坚定的目标应当是努力以最大的热忱完成你的学业，而且为了这个理由，你应当抛开一切其他事宜。"

信后面又写道："在你目前的求学时期，我劝你少写点诗，只在你需要抒发感情时才写。不要去写你还得挖空心思和搜索枯肠的东西，只是某种念头激发了灵感以及真挚的感情使你的心激动时才写。"

最后告诉他："仔细观察自然、观察生活和观察你自己，你才可能获得你的诗歌的素材。从你周围的事物中做出选择，以各种观点反映你所见到的事物，拿起笔来就像你不知在你之前世界上还有过什么诗人似的，或者就像你不必向任何人学习似的，保持那样高尚的思想，那种纯洁、崇高的精神，没有这些，诗的花冠是不会戴在一个凡人的头上的。"

安徒生很佩服巴斯托尔姆先生，他的劝告是多么真挚中肯啊，"提出了一个可能使人们永远铭记在心的真理"。这和米斯林的挖苦压制、不循循诱导形成多么鲜明的对比啊！

主教要来学校检查，米斯林得安排唱欢迎歌，他把写歌词的差事交给了安徒生。安徒生写了，歌也唱了。能作为学校的一分子在这样的活动中出力，使他一度感到高兴。但安徒生第一次明显地感觉到，自己有一种病态的忧郁。在以后的几年里，安徒生始终被这种忧郁笼罩着。

欢迎主教的仪式开始了，安徒生却来到了教堂的那一小块墓地，站在一座没人照管的墓地旁。安徒生知道这是弗兰克卡努的墓，他是医生，也是诗人，写过《克里斯蒂安堡的毁灭》和《留住你的峰峦、海浪和山谷》。不知为什么，安徒生心头涌起一股奇怪的悲伤，他祈祷上帝，但愿自己能成为弗兰克卡努那样的诗人，或者很快便长眠于九泉。

米斯林对安徒生写的节日歌一字没提，安徒生觉得他对自己比平常更严厉了。一天，安徒生回答错了他的提问，他马上说安徒生是个蠢材、笨蛋。

于是，安徒生把这件事告诉了柯林，说担心校长再这么对待他，他已经无法容忍了。柯林回信安慰安徒生。不久，安徒生在有些科目的成绩有所提高。可是，除了学业上的不断进步，安徒生变得越来越不自信了。

第一次考试，有门课竟然得到了米斯林的表扬，他甚至亲笔为安徒生写下了考试报告。安徒生为此兴奋地跑到哥本哈根度了几天假。

看到安徒生已经取得的进步和强烈的进取心，古德伯格也很高兴接待他，并肯定了他的努力。“但你可别想着写诗”，他说。安徒生没再写诗，而是严格地把精力全都放在了学习上以及作为一个学生遥远而无法确定的希望上。

回乡探亲受到欢迎

拉丁学校第一年的学习生活结束了。安徒生没有白下工夫，各门课程都获得了所期望的成绩，除希腊文只得“良好”外，其他各科都得了“优秀”。

希腊文得到“良好”已经是最高指望了。每个月的操行都获得“非常好”的评语，只有一个月得了“很好”的评语。

一个星期六的下午，安徒生到附近的安特沃尔斯城堡去玩，现在这个城堡已是废墟了。附近有一家农舍，住着一对青年夫妇。他们显然是贵族人家的儿女，由于家里不同意他们的婚姻而私奔到这儿隐居的。

他们现在虽然很穷，但生活得很快乐。安徒生受到他们的热情接待。他们的农舍坐落在城堡下面的山脚处。农舍上面是一派田园诗一般的美景。屋里墙壁粉刷得干干净净，笼罩着一股舒适、恬静的气氛。

桌上，几个简单花瓶里插着新采集的鲜花，散放着几本装帧精美的书籍，桌子的一边立着一架竖琴，随时供他们弹奏。他们的家庭环境和家中摆设充满诗情画意。安徒生很喜欢这对青年夫妇，多次到他们那儿玩。

离斯拉格斯两里的地方，有一座叫索勒的森林小城，四面湖泊环绕，风景十分优美。城里有诗人霍尔伯格办的一所贵族学校。

一个星期天，安徒生在这风景如画的小城里拜访了诗人英格曼。他刚结婚，在这儿当教师，他住所外面是美丽的花圃，蔓藤缠绕窗户，房间里装饰着著名诗人的画像。他在这里的生活颇像一个美丽动人的故事。英格曼和他妻子十分热情友好地接待安徒生，兴致勃勃地带他到湖上荡舟，推心置腹地交谈各自的情况和见闻。

这时，安徒生忘记了在拉丁学校的所有不愉快事情，似乎整个世界都那么光明美好。以后，他常在礼拜天到这儿来玩。

此时，那位来自欧登塞的古德伯格上校，已经升为将军了。他一直关注着安徒生所取得的进步，当他听说安徒生在文法学校学得很好，很是高兴。他定期给安徒生写信，信里满是鼓励和信任的词句。

第一个暑假快到了，古德伯格邀请安徒生去看他，而且寄来了旅费。

安徒生从外出冒险以来，还不曾回过他的出生地欧登塞。这期间，祖母、祖父相继去世。

他利用假期回了欧登塞一趟。安徒生的继父去世了，母亲现在又孤单单一人了。她已老态龙钟，背也驼了。家里的好多东西都没有了，只剩下一些破旧衣服，一张小桌子，两把旧椅子，一只旧松木箱子，几件瓷器和玻璃器皿了。这就是全部家当了。

母亲的生活困难极了。安徒生记得从小时候，母亲就常跟自己说，小时候她就盼着发财，因为她是祖父的继承人，而祖父有属于自己的房产，就是那间又破又小的半木结构的房子。

祖父死后，他的房子立刻被拉倒。大部分钱用来还他欠下的税款还不够，查封官又来拿东西抵债。那个有黄铜盖子的大火炉和一件家具，据说是安徒生继承的最值钱的东西。现在还能在市政厅找到。它被用来作为马车上的一整张座位，卖了不少钱。但那些旧钱因没有兑换成新的，已不再有效。

1813 年，兑换旧钱时，那个弱智的老人被告知说，这些钱不再有用了。安徒生记得自己继承的这笔“巨大遗产”，一共是 50 先令。安徒生并不在乎这笔钱，只是一想到去欧登塞，过去和将来似乎都充满了阳光，他就感到自己是如此富有，如此幸福，心里洋溢着期待的愉快。

安徒生背着一个装满衣物的小包袱，穿过大贝尔特海峡，从奈伯格徒步走向欧登塞。快到城边时，安徒生看见圣卡努特教堂那古老的高高塔顶时，心竟一下子变得越来越柔软。他从心底深深感到，上帝对他是多么的怜爱。一想到这儿，眼泪不禁夺眶而出。

妈妈再次见到儿子安徒生时，那股高兴劲儿就甭提了，她显得容光焕发，好像年轻了许多。她同儿子走在街上，人人都注视着她儿子，有的开门出来观看，有的打开楼上的窗子探出头来看。她让儿子拜访了她的很多熟人、“好人”，以及那个杂货商和职员。

埃弗森一家和古德伯格一家热情接待了安徒生。大家都知道安徒生的幸运是多么的不可思议，甚至花国王的钱上学。所以，安徒生每到一条狭窄的街道，都能看见人们打开窗户来看他。

“你瞧，鞋匠婆的儿子，现在是皇家公费生了，”一个邻居说，“这真是没有想到的事。”

“可惜他的老祖母去世了，”另一个说，“要是还活着，看到小孙子今天的情况，该有多高兴啊！”

过去这只没几个人瞧得起的丑小鸭，现在是人人羡慕的皇家公费生了。欧登塞还没有第二个皇家公费生啊！邻居们把他当作与众不同的大人物看待。他所到之处，都受到盛情接待。做母亲的为他高兴，感到自豪。

妈妈告诉安徒生，

他们都说："莫瑞修鞋店的汉斯·克里斯蒂安这回总算露脸了。"的确，那个开书店的索伦·亨佩尔，把安徒生带到他家的高塔上。据说，他建这么一个高塔只是为了满足他对于天文学的一点乐趣。

安徒生登上这座高塔，从那儿俯瞰全城和周围的乡村。安徒生还看见一些医院的穷困妇女，正在下面的格瑞弗斯广场对他指指点点。是啊！他们当年就认识的那个小孩儿，现在就站在上边。安徒生真的感到自己站在了幸运的巅峰。

他看到下面济贫院里一些他小时候认识的老太婆，她们发现了站在塔楼窗口的安徒生，纷纷高兴地向他招手致意。安徒生似乎感到，他现在不是站在塔顶上，而是站在幸福的顶峰上。

在回家的路上，安徒生对母亲说："妈妈，当我还像只丑小鸭那样受到小朋友欺负的时候，我做梦也没有想到会有今天。"

安徒生去看望曾为他写介绍信的书商埃弗森。埃弗森非常高兴。他的大孙女凯莉·艾达更是高兴，她体弱多病，但喜欢幻想、爱好诗歌，安徒生特别喜欢她。她是安徒生的十分亲密和忠实的朋友，经常互相写信，互诉衷情，直至她去世时为止。

告别斯拉格斯的学校

安徒生在学习上很勤奋，正因为如此，他很快就往上升了一个班级。但他学习的神经绷得太紧，学习对于他来说反而成了挺重的负担。

有许多个夜晚，安徒生坐在小屋里读书，困得不行了，就把头浸在凉水里，或跑到静谧的小花园里跳舞，直至再次清醒，重新投入学习。

校长米斯林是个有学问的人，天赋也高，他翻译的许多优秀的古典诗作，丰富了学生们的文学殿堂。可他一点都不适合儿童教学。他教孩子，同在他眼皮底下受教育的孩子一样受罪。

绝大多数学生都怕他，当然，安徒生也是其中之一。并不是因为他严厉，而是他取笑学生们的方式，他给所有学生都起了外号。

如果学生们没能很快回答问题，或在测验中做得不够好，这位校长有时会突然打断你，从他的桌子旁站起来，走过去向炉子提问。

受人取笑是安徒生最难以忍受的折磨，常常是校长的课刚开始，他就因害怕全身瘫痪了，回答得驴唇不对马嘴。

现在，他是三年级的学生了。三年级的学习更加艰苦。他最害怕的是希腊文课，因为这门课由米斯林先生讲授。他对学生的尖酸刻薄，安徒生是早有领教的。米斯林先生有学问，精通几种古代语言。他总以为学生们应该一学就会。

他所讲的内容，谁要是掌握得不快，出现错误，那就像在他那暴躁的性格上擦一根火柴，他会立刻发起火来，那顿挖苦和痛骂，你就等着受吧！他不是认为学生脑子笨，就是以为他们贪玩不下工夫学习，从来不会想到他在教学方法上有什么问题。

安徒生的希腊文本来就没有基础，再加上他课余时间喜欢写写诗，自然就成了被挖苦的主要对象。说实在的，每次上希腊文课，安徒生都是做了充分准备的，常常把一课书背得滚瓜烂熟，但一到课堂上，看见米斯林先生像猫盯老鼠似的盯着他，他的一颗心就怦怦跳起来，到向他提问题时，他全慌了神了，连好好掌握了的东西都回答错了。

有一次，他在希腊文的一个动词的使用上出了点差错，米斯林就骂他说："瞧，你这个长腿傻瓜，简直是白痴，真该把你赶出这个教室，可你还写诗呢，想当诗人呢！"

他见安徒生用手擦眼泪，便又挖苦地说："哎哟，宝贝儿，你还不如把眼泪擦在砖头上呢，那样，砖头也会作诗了。"此时，校长准会说，他连一个字都说不到点儿上。安徒生对自己能力的匮乏感到绝望。

一天晚上，安徒生怀着忧郁、沮丧的心情，给第一任校长奎斯特加德写信，让他给自己一些建议和支持。安徒生在信中这样写道：

> 我对于自己的能力开始怀疑起来，虽然我被编到高一级的班里去，但是我却是班级中最大的学生，而且我的能力也不及他们。我认为我的恩人们拿钱供我上学可能根本就是个错误，我真不知道该不该再继续求学了。

那位优秀的、极其善良的老校长，诚挚地给安徒生回了一封长信，用温和的语句鼓励他，让他不要灰心。他说，米斯林校长也是好意，只是方式上有点问题，而且说安徒生确实真的已经取得了期待中的进步。他还用其他老师从 24 岁起才开始上学的例子来鼓励安徒生，让安徒生一定不要绝望。

事实上，安徒生的确是有进步了，有的课还学得相当好。宗教、《圣经》和丹麦语文的成绩，他总得优秀。每个班的学生，包括高年级学生，常常跑到安徒生的小屋里让他帮他们写作文。还说："不用写太好了，免得被查出来。"

作为回报，安徒生拉丁文的作文由他们代笔。每个月，所有的老师在安徒生的操行评语上写下"优秀"已成了家常便饭。但有一次，他得了个"优良"。这让安徒生耿耿于怀，于是他马上给柯林写信，把这出悲喜剧报告给他，向他保证说，这次只得了个"优良"，不全是他的错。

其实，米斯林对安徒生的看法和态度，与他平时所说和表现出来的并不一样。在他身上，偶尔也会有一点儿善良的闪光。

星期天，他会邀一些学生去家里做客，而安徒生常在受邀之列。他在家里跟在学校时相比，完全像变了一个人，充满了童趣，同学生们和他的孩子们在一起，玩得可开心了。他给大家讲逗乐的故事，排列玩具士兵。

如果说，学校生活还有一点吸引学生的地方，那就是学生们在特定时间，可以去看剧团的彩排。剧院的前身是个马厩，坐落在一个偏僻的院子里，在院子里还能听到附近草原上牛发出的低沉的叫声。剧团将镇子的市场涂饰彩绘一番，用来作为街景，意思是说这戏里头总会有些日常琐事。

场景通常都设在斯拉格斯，这样，人们在看戏时就可以看到自己或朋友家的房子，这多么有趣。安徒生一般星期六晚上就赶到安特沃斯柯夫城堡，当时这座城堡已有一半被毁坏。

不知为什么，米斯林不喜欢待在斯拉格斯了，正好埃尔西诺文法学校校长一职出现空缺，他提出补缺的申请，被接受了。校长跟安徒生讲了这件事，让他惊讶的是，校长建议他和自己一起去。

他想给安徒生单独上课，以便安徒生能在 18 个月内参加期末考试。而安徒生如果还留在斯拉格斯文法学校，就没指望了。

米斯林还补充说，安徒生可以马上搬到他家去住，房钱和他住别的地儿一样就行。于是安徒生给柯林去信，征得了他的同意。就这样，安徒生搬到了校长家。

于是，1926 年 5 月，安徒生告别了斯拉格斯。在分别前，安徒生跟学友们和相熟的几家人告别，可没那么轻松。安徒生趁此机会买了个签名本，连师友中的老教师辛特克都给他写下了几行留言。

卡尔·博格给安徒生写了首诗，看起来像是写给一个要开始新生活的诗人，而不是坐在课桌旁的学生。但他写到，安徒生未来的路将是沉重和艰难的。

在埃尔西诺紧张学习

安徒生和米斯林校长一起来到了埃尔西诺。当安徒生第一眼看见桑德海峡上的无数船只，看到蜿蜒起伏的库仑山脉，大自然的美景令他心旷神怡。

安徒生写信给拉思姆斯·尼洛普，把他的这种好心情告诉给他。安徒生自己觉得这信写得挺好，于是便把同样内容的信分别寄给了不同的人。

但不幸的是，尼洛普也觉得这封信好，以《哥本哈根速写》为题把它发表了。因此，凡是收到这封信或信的复写稿的人，都以为发表的是给他们的信。

丰富多彩的新经历、新环境和新责任，使安徒生心气颇高，但这种心气并没有维持多久。

很快，在精神上，安徒生便又感到孤寂、焦虑和压抑。几乎与此同时，校长就安徒生的情况给柯林写了信，对安徒生和他的能力做出全然不同的评价。

安徒生和周围的人听说校长给柯林去了信，都在想象他会怎么说。如果安徒生能相信他会那么说自己，他早就有信心了，心智也会更健全，对他整个的发展都会有好处。

因为，无论安徒生有怎样的精神承受力，每天都要听校长对他的奚落，说他是个蠢材、笨蛋，是个比不会说话的动物聪明不到哪去的孩子。

然而，校长竟会同时在给安徒生资助人写的信里，郑重其事地谈到他。而柯林以前在不断地听安徒生说如何对校长不满、学习能力有限之后，还总要向安徒生替他解释。

米斯林给柯林先生的信是这样写的：

安徒生1822年底被送入斯拉格斯文法学校时，尽管他年龄很大，但因为缺乏最基础的知识，而被安排进倒数第二年级。

但他很有天赋，想象活跃而且情感热烈。他对所学的各个科目，在喜欢的基础上都能很好地理解和掌握。

由于各科成绩优秀，他已经慢慢升到了现在的最高年级。唯一的不同是，他注册的名字从斯拉格斯搬到了埃尔西诺。

迄今为止，他已经能够借助人们的慈善赞助学习，我只想说，他以自己的努力赢得了这里每一个人的尊重。

他极有才华，某些科目可以说学得非常优秀。他勤奋异常，从不懈怠。他天性可爱，他的行为品行完全可以成为学生的楷模。

补充说一句，如果他能继续努力，将可以在1828年10月升入学院。

品德、能力和勤奋，具备这样三条优秀素质的学生，是任何一位在校老师最想见到而却又很少见到的，显然在安徒生身上见到了。

我所做的只能是推荐他获得足够的资助，支持他继续完成现在已经开始的学业。

另外，像他这样的年纪，也不允许打退堂鼓。不仅有他诚挚的品性，再加上他显而易见的天赋和坚持不懈的努力做保证，学习上取得的任何进步都绝不会荒废。

埃尔西诺文法学校校长、哲学博士米斯林

1826年7月18日于埃尔西诺

但是，安徒生一点儿都不知道校长在这封信里把他夸上了天，所以他仍然情绪低落，失去了自信。

不久，安徒生收到了柯林鼓励他的来信：

我亲爱的安徒生，不要丧失勇气。把心放平静，牢牢地把握住自己，一切都会好起来的。

校长觉得你还是不错的，也许他在方式上与别人有些不同，目的并没有什么差别。言不尽意，别不赘述。

愿上帝赐给你力量！

你的柯林

周围的自然美景令安徒生目不暇接，但是他只敢瞥上那么几眼。

他几乎从未出过校门，一放学，校门就关了，安徒生就只好待在郁闷的教室里。他被告知，教室暖和些，可以在这里做作业。

做完作业，安徒生常和米斯林校长的孩子们玩，或者坐在自己的小屋里。

在很长的一段时间里，学校图书馆成了安徒生的客厅兼卧室，嗅闻着那些陈旧图书的书卷气味。同学怕碰见校长，都不敢来看安徒生。

安徒生的大脑是可伸缩的，他准备好迎接太阳的每一缕光线，但这样温暖的日子总共没有几天，一年一度只在回哥本哈根度假时，才能真切地感受到。

在哥本哈根享受假期

安徒生在欧登塞探亲访友之后，告别母亲和乡亲们，来到哥本哈根继续度暑假。他觉得他在学校的那个家，与在首都期待着自己的这个家，生活上的反差是十分强烈的，这种截然相反的对照，好像只会发生在童话里。

他在这儿有许多朋友。

柯林是他的保护人，是最关心和爱护他的人。他把安徒生看成自家人，告诉他可以随时到他家来，就像在自己家里一样。安徒生处处受到柯林的关怀和照顾，使他非常感动。

不过，柯林的两个孩子——爱德华和英格葆对他似乎并不热情，似乎明显地把他看成外人，在他们面前，安徒生总有一种格格不入的感觉。他们对他的诗也不感兴趣，说他太多愁善感，喜怒无常。但安徒生并不在意，竭力和他们交朋友。

安徒生住在伍尔芙大尉家里，伍尔芙就是前面讲的莎士比亚作品的那位译者。他的一家对安徒生很热情。他的妻子对安徒生就像热情的母亲，她听了安徒生倾诉米斯林对他的粗暴态度，一方面同情他，鼓励他具有自己的独立观点和见解，一方面劝他放弃急于当诗人的“不幸的古怪念头”。

他的孩子们也从心底欢迎安徒生的到来，对他就像亲密无间的朋友。这个家让安徒生第一次有了这样的感觉：自己好像就是这个家里的孩子。

伍尔芙的女儿凯莉·爱达对安徒生尤其热情。这位跟埃弗森的大孙女同名的小姑娘人好，心好，十分温柔，可是造物主对她很不公平——她是个驼子，安徒生很可怜她，但她并不觉得自己可怜。

她的性格是那么开朗，那么乐天。她讲话机智生动，特别喜欢听安徒生念诗。她有着一颗非常可爱的童心，善于发现好笑的事情，喜欢做离奇古怪的幻想，憧憬着种种美好的事物，又那么爱读书。她的好些性格因素和安徒生那么相似。和这小姑娘在一起叫他感到特别高兴。

在伍尔芙家里，安徒生见到了许多才智出众的人物，其中有最受他尊敬的丹麦诗人爱伦士雷革。一天晚上，安徒生穿着破烂的衣服在伍尔芙家做客，不好意思见来访的这位著名诗人，悄悄地躲在长窗帘后面，但机灵的爱伦士雷革发现了他，主动走到他跟前，伸出手来热情地握着安徒生的手，和他交谈起来。这给安徒生留下了十分美好的印象。

伍尔芙担任院长的海军学院，坐落在阿梅林堡皇宫，从安排安徒生住的那间屋子能俯瞰到广场。安徒生住在那里的一个晚上，站在窗户边向远处眺望时，他突然想起了从他的大宫殿里注视下面广场的阿拉丁说的一句话："我一个穷小子，居然也能在这儿走走。"

在斯拉格斯上学的那段时间，安徒生总共才写了不到三四首短诗，其中《灵魂》和《致母亲》两首后来收在他的《诗歌全集》的早期诗歌部分里。

在埃尔西诺上学时，安徒生也只是写了两首诗《新年夜》和《垂死的孩子》。《垂死的孩子》是安徒生第一首引起人们注意并得到赞扬，也是第一首广为人知，并被翻译成多种语言的诗。

安徒生带着诗歌《垂死的孩子》，来到哥本哈根，大声朗读给他所认识的人听。有些人把它当成诗来听，也有人是拿他读诗的腔调消遣。许多人称赞安徒生的诗写得好，但他们教他做人要谦逊，提醒他不要自以为是。

安徒生在哥本哈根的那段日子，他笨拙的举止也成了他们批评的焦点。然而，也是在他住在哥本哈根的这段日子，安徒生见到了比其他任何人都让他敬仰的诗人亚当·欧伦施莱格。他赞许安徒生的话，经过别人之口传到了安徒生的耳朵里。

对于安徒生来说，那是多么令人愉快的一个夜晚，屋子里灯火明亮。安徒生很清楚了，在所有人里，他的穿着最土，于是他便退到长窗帘一侧。然而，亚当·欧伦施莱格居然向他走过来，还拉住了他的手。此时，安徒生激动得几乎就要给他下跪了。

后来，安徒生和亚当·欧伦施莱格在伍尔芙家常见面。卫斯也是那里的常客，他总是热情地和安徒生聊天。刚刚回到丹麦的布朗斯特德的高谈阔论，伍尔芙大段高声朗读他翻译的拜伦的诗歌，使许多个夜晚增辉。再加上克里斯蒂安八世的朋友——高雅、睿智的埃达尔，这个社交圈子就变得十分完美了。

在这个圈子里，还有欧伦施莱格的小女儿夏洛蒂，她的单纯、快乐和好玩的奇思妙想，令安徒生吃惊不已。

诗作得到第一次认可

在哥本哈根度过那些美妙的日日夜夜之后，安徒生怀着继续在痛苦中磨炼的心情回到斯拉格斯。他投入新的一学期的学习，这已经是1825年的秋天了。出乎意料，米斯林对安徒生的态度完全变了，对他温和起来了。同学们议论纷纷。

回到哥本哈根后，安徒生手头虽然还有一点国王拨的生活费，但学费得自酬，于是他不得不四处淘换。好在有很多人家邀请他去吃饭，差不多每天都有个去处。靠着轮流到不同的人家吃饭，安徒生竟也在哥本哈根生存了下来。

安徒生学习十分勤奋刻苦，在埃尔西诺，他学得很好的几科，如算术、地理都不费劲儿。他把大部分时间都花在了学希腊文和拉丁文上。

在哥本哈根，安徒生的新老师缪勒认为他最弱的课程就是宗教。无论从哪方面说，缪勒都是位优秀的教师。按照他的意思，安徒生的宗教课需要提高成绩。缪勒坚持要对《圣经》做出忠实原文的阐释，而《圣经》对安徒生来说，在上学的第一天，就有了这样一个明确的意识，把《圣经》与他听到的或学到的联系起来就行了。

《圣经》作用于安徒生是通过情感，他觉得上帝的仁爱是无限的。与之作对的一切，都将进入燃烧着的地狱。但安徒生敢以他全部信仰的力量说出，他不认为地狱之火是“永恒”的。

此时，安徒生已经从一个学校里胆怯的孩子，变得能够毫不掩饰、充满自信地提出自己的信仰和观点。每当天性率真的安徒生表达出自己的看法后，他的老师就鼓励他，并时常提些宝贵的意见。老师的话给了他心灵的滋养和慰藉。

安徒生有表达的欲望，老师缪勒并不取笑他，只是觉得他对自己最好的情感过于轻率，所以他要让安徒生明白，弄懂《圣经》才是世界上最重要的事。这种新的作风，使安徒生经历了转变。

此时，安徒生终于可以把自己从以往的压抑中释放出来，接着他便采取了另一种做派。他把早先写的一些饱含心灵苦楚和泪水的诗作，加上刻意模仿的标题，还配上合唱。这样改写的几首诗又收入《徒步旅行》的《猫的牢骚》中。

其实，在这段时间，安徒生只写了几首诗，如《夜晚》、《可怕的一小时》、《抱怨月亮》和《猪》。安徒生的全身心已发生了彻底的改变，羞怯的幼苗被移植走了，鲜嫩的新芽开始重新萌发。

在这一期间，安徒生在一首描写这个世界性的无形王国的诗——“精神圣地”中这样写道：

有一块瑰丽的土地，
它叫作诗！
它直达云霄，栖身于玫瑰花蕾之中，
……
美丽的诗
颂赞平凡的生活；
你感觉上帝就在身旁，
……
精神的圣地，
音乐的家园，
上帝之约的土地，
世界被毁，唯它独存
它的名字是诗

光明的国度。

此阶段，一股新的思潮涌入丹麦文坛。人们对此都很感兴趣，政治的影响非常小，人们每天谈论的话题是文学和剧院。约翰·路德维格·海博格因其优秀诗作《幽灵》和《陶匠瓦尔特》，在丹麦文坛享有盛誉。

海博格写信向柯林致谢，因当时有些导演反对上演他的《所罗门王》，是柯林力排众议，将“轻松音乐歌舞剧”搬上了丹麦舞台。人们说这是丹麦式的轻歌舞剧，是丹麦自己的新鲜血液。于是，众人很高兴地接受了这种轻歌舞剧，而且它还很快取代了其他戏剧。泰利亚在皇家剧院举办嘉年华会演出，选的就是海博格的轻歌舞剧。

安徒生与海博格初识，是在奥斯特德家的晚宴上。他风度儒雅，口才极好，是那天最受欢迎的人。海博格跟安徒生说话时，语气显得很亲切。后来，安徒生到他家登门拜访。海博格听安徒生读他写的幽默诗，认为可以发表在他主编的优秀周刊《飞邮报》上。

《飞邮报》最先登出的安徒生的诗是《夜晚》和《可怕的一小时》，两首诗都没有署名，只署了一个字母 H，用来代表 H. C. A，即汉斯·克里斯蒂安·安徒生。可每个人都认为这个字母代表海博格，这无疑意味着，这两首诗获得了巨大的成功。

在此之前，安徒生在哥本哈根的其他报上，只发过一首在学校时写的《垂死的孩子》，那还是剧院的一个经理奥尔森帮忙发的，要不谁会要一个还在上学的孩子写的诗。

抒情诗《人生百年仙逝去》的作者索伯格先生，收到安徒生的这首诗，答应拿到日德兰半岛的报纸《读书收获》上发表。但编辑说，报纸不发在校学生的诗作。最后，诗在《哥本哈根邮报》发了。

很快，海博格又在《飞邮报》上做了转载，他还附言说，即便别的报登过，他也愿意再发一次。这是安徒生的诗作第一次得到认可。

游记与戏剧大获成功

安徒生的导师住在克里斯蒂安萨文，他一天去两次。在去的路上，安徒生满脑子想的都是作业。

在回家的路上，好不容易可以自由呼吸了，安徒生便不再想作业和学习。

于是经常有各种丰富多彩的诗的印象掠过脑际，但他不曾把它们写成诗。那一年，安徒生一共只写了四五首幽默诗。

1828 年 9 月，安徒生参加了考试。恰逢那年，欧伦施莱格担任哥本哈根大学校长，在他善意的帮助下，安徒生成为了学院的一员。

安徒生脑子里想的全是这件事，这令他激动不已，好像这是一个重大的人生机遇。

此时，安徒生已经 23 岁了，可无论说话的方式还是行为举止上，都还有许多的孩子气。

在考试前不久，安徒生在奥斯特德家的晚宴上，遇到了一个年轻人。这个年轻人看上去很文雅，还有些腼腆，安徒生心里想：他大概来自乡下。

于是，安徒生就心不在焉地问这个小伙子："今年你也参加考试?"

"是啊!"这个年轻人面带微笑地说。

"我也是呀!"安徒生说。随后，安徒生就把话题全都引到这件事上，欢快地聊着考试对他来说多么的重要，他完全把这个年轻人当成了校友。

可事实上，这个年轻人是考安徒生数学的教授，聪慧、杰出、人人皆知的范·施密德特恩，可安徒生居然没认出来。等两个人在考场相遇时，彼此都有点窘迫。

不过，施密德特恩倒是个热心肠，他总想多给安徒生一点鼓励，可又不知道具体该做些什么。

于是，他斜侧了身子，在安徒生耳边低语说："考完试我们看看这是不是第一份诗的答卷？"

安徒生吃惊地看着他，不安地回答："我不知道。不过，你可别问我数学问题，那可难不倒我。"

"你知道什么？"他以同样的口吻又问。

"我数学学得可棒了。在埃尔西诺上学时，我有时还给别人判测验卷子呢！而且，我的成绩都是'优'。但我现在还是有点担心。"一个教授和一个一年级新生就这样聊着。

在考试期间，安徒生把钢笔不小心弄断了。施密德特恩什么也没说，只是静静地拿出一支笔给他，以便安徒生能完成考试。

1828年10月23日，安徒生接到一份漂亮的通知书，他考试合格，已被哥本哈根大学录取。通知书下面有系主任爱伦士雷革的签名。

这是安徒生有生以来最幸福的一天，多年来的梦想终于成为了现实。他兴奋极了，立即跑到柯林那儿报告他这一大好消息。这充分说明，这位国务活动家的指望没有落空，他的心血、时间和钱财没有白花。柯林衷心祝贺安徒生，全家都祝贺他。伍尔芙、奥斯特德等熟人也都热情地给他祝贺。这一天安徒生真是快乐极了。

第二天，安徒生的兴奋心情已经冷静下来了。当然还有很大的余波。一直纠缠着安徒生的各种胡思乱想，开始蜂拥而至，钻入他的脑际。不过现在最重要的是拢一拢丰富的感受，这些感受一直在脑海里萦绕，就是没有集中的时间把它们理出个头绪来，写成某种形式的作品。是的，以什么形式写出来呢？就以游记的形式写吧！这种形式写起来没有拘束，活泼自由、容量又大。

于是，安徒生就有了他的第一部作品《从霍尔门斯运河至阿马厄岛东角步行记》。

这是一部怪诞而幽默的书，带有阿拉伯“天方夜谭”式的异想天开，但作品真实地反映出安徒生的个性和对事物的看法，尤其是他什么都想玩的欲望。为此，安徒生还含泪对自己的感觉做了自嘲。

安徒生感觉这部诗性的游记，就像一幅色彩绚丽的织绣。可是没有一个出版商敢出这本还不成熟的作品，于是安徒生就只好自己印刷了。书出版没几天，就很快售出。

不久，出版商瑞泽尔就把《步行记》买走了再版的版权，后来又买了第三版。而且，法伦还出版了丹麦语本，这可是只有欧伦施莱格的重要作品才能享有的待遇。

书出版后，安徒生听到的都是溢美之词。此时，安徒生站在了波峰浪尖，他是个学生，是个诗人，他最大的心愿已经实现了。

“哥本哈根所有的人都读了我的书。”安徒生自豪地说，“我是个大学生和诗人了。”

此时的安徒生，在跟与他同龄的朋友中名气已经不小了，这让他沉浸在年轻人对诗的迷醉里，欢笑着去寻找开心有趣的事。

在这快乐的日子里，安徒生写出了第一部剧作，一部用韵律诗写成的题为《在尼古拉耶夫塔上的爱情》的英雄轻歌舞剧。正像《文学月评》所说的那样，它犯了个致命的错误：人们早已把命运悲剧忘到九霄云外，而他却在讽刺命运悲剧。

然而，当该剧上演时，同伴们不但欣喜地接受了，而且还高喊“作者万岁”！安徒生享受着这份难得的幸福时刻，虽然这部剧作本身并没有什么重要可言，但剧作对他来说是如此的意味深长。

当观众的喝彩声阵阵响起时，静坐在剧场一角的安徒生忍不住泪流满面。曾几何时，正是在同一家剧院中，他曾受到无情的嘲笑和尖酸的讽刺，而今天，他成功了，他终于可以扬眉吐气了。

安徒生抑制不住内心的喜悦，冲出剧院，顺着大街直奔柯林家。此时，只有柯林的妻子一人在家。

安徒生几乎要崩溃了，他跌坐在椅子上，剧烈地啜泣着。柯林夫人十分同情他，可她搞不清究竟是怎么回事。

柯林夫人宽慰安徒生说："用不着太伤心，知道吗？以前欧伦施莱格和其他许多大诗人都曾被嘘下台过。"

"可他们并没有嘘我"，安徒生抽噎着说，"而是为我鼓掌，高声喝彩。"

即便在这样叫人兴奋的日子里，安徒生还能勤奋地学习。他没有导师指导，自己准备语文学和哲学的第二次考试。最后，安徒生以优异的成绩通过了考试。

不过，在奥斯特德的考桌前，发生了一件非同寻常的事。对于他提的所有的问题，安徒生都答得很好，他也感到非常地满意。

答完后，安徒生正要走，奥斯特德把他叫住了，"还剩一个小问题！"他笑容可掬地说，"关于电磁学你了解多少？"

"这个词我听都没听说过。"安徒生回答。

"好好想想，前边你已经答得相当不错，你应该知道点儿电磁学方面的知识。"奥斯特德说。

"可在你的化学书里根本就没提过电磁学。"安徒生十分肯定地说。

“没错”，奥斯特德说，“但我在课堂上讲过。”

“我只缺过您一次课，那就是您在那次课上讲的。我确实对此一无所知，连名字都没听过。”

奥斯特德听了安徒生与众不同的坦白，微笑着点点头，说：“不知道实在很遗憾，要不我可以给你评个‘优异’。现在只能给你一个‘优秀’了，因为你答得非常好。”

后来，当安徒生拜访奥斯特德时，请他讲了点关于电磁学方面的知识。安徒生这才第一次对电磁学有了些了解，可见他对这个领域有多关注。

现在，安徒生终于通过了考试，取得了他能取得的最好的成绩。在临近圣诞节时，他的第一本诗集出版了。读者和批评家对这部诗集都给予了肯定。安徒生此时真是快乐无比，展现在他眼前的生活充满着幸福的阳光。

后来在一本诗集的后面，还附有一篇用散文写的童话《鬼》，这篇童话成为安徒生创作童话的开端。《鬼》后来改写为《旅伴》。

旅行成就的诗人

旅行是恢复青春活力的源泉。

——安徒生

至为重要的德国之旅

1830年夏天，安徒生决定用他的稿费收入做一次旅行。直至现在，他只看过祖国的一小部分——费恩岛和西兰岛上的几个地方，还有默恩岛的克林特。

这次他来到了日德兰半岛上。这半岛上各小城镇的人们，都读过他的《徒步旅行》。他到处受到热情接待。那儿的风景十分美丽。海岸风光，乡村景色，各种奇观，给他留下了深刻的印象。他经过这个半岛来到费恩岛，访问了一些农家，享受了农舍生活的乐趣。

到了欧登塞近郊，在一条运河附近的马吕希尔别墅里，他被当作贵宾接待，度过了几个星期的难忘的日子。

“这儿是我少年时期所向往的一座理想的乡间住宅。小花园里提供了丰富的碑文和诗句，那些诗文写出了人们在每个地方的观感。在有轮船驶过的运河附近，修建了一个炮台，上面架设着一尊木制大炮，还有一间瞭望台和一间设有一个木头兵的岗亭。这一切都具有孩子般的天真和美丽。”安徒生后来在自传中这样写道。

有一天，安徒生来到了福堡城，顺路去拜访他大学时的好友沃伊特。仆人将他引到富丽堂皇的客厅。只见客厅门前，一位少女亭亭玉立，安徒生不由一怔，难道这是他在《阿马格岛漫游记》里描绘的那位美丽女郎吗？他这样想，也这样问姑娘是否读过《阿马格岛漫游记》。

姑娘听到安徒生把她比作书中的那位美丽的女郎，不禁会意地笑了。于是自我介绍说，她是沃伊特的妹妹，名叫莉葆。这时不知为什么，姑娘胸前佩戴的鲜花落到地上。安徒生急忙拾起，并双手献给姑娘。姑娘深情地望了他一眼，又会意地笑了。他们步入客厅。

接着，安徒生用诗一般的语言，描述了不久前他在梦中漫游到一个金碧辉煌的古代城堡的情景。在那古色古香的画廊上，他看到了自己作品中的那位美丽少女。她有一双晶莹秀美的黑眼睛，身着雪白的连衣裙，胸前佩戴着鲜艳的玫瑰花。他在梦中与她相遇，并一起尽情漫游。醒来后，他是多么思念她啊！不想今天在这里果真与她相逢了。

莉葆听着这充满浪漫色彩的赞美诗句，再次会意地笑了，脸上的红晕愈加娇美。从此一连数日，他们朝夕相处。安徒生用诗歌向姑娘倾诉他的真情。临别时，莉葆亲手采集了一束鲜花送给安徒生。

但是，命运总爱捉弄人。莉葆并没有真心爱这个穷诗人。尽管他的诗歌令人陶醉，但他本人却不漂亮，又无财产。后来莉葆去哥本哈根探亲，又和安徒生相处了几日。安徒生爱她几乎发了疯，但莉葆却是若即若离。

分别后，安徒生给她写信，要求明确关系。莉葆虽然若有所失，以至流下几滴怅惘的眼泪，但写出来的却是一封拒婚信。一片痴情并满怀希望的安徒生接到回信后，简直痛不欲生。

安徒生一再读着这封拒绝他的信，两眼看着低矮的天花板，长长地叹了口气。他把这封信装进了那个精美的信封。不能因为此事而消沉下去啊！他下了决心，用紧张的学习或写作来消除愁思。

但不幸的是，伤透了心的安徒生在文学创作上也遇到了挫折。在安徒生备受欢迎的《徒步旅行》和其他大部分作品里，讽刺因素占有很重要的地位，有人欢迎，也有很多人不满。他的作品倾向于探索人生中压抑人的东西，倾向于揭示事物的阴暗面。

安徒生接触学校教育较晚，然而，他在学生时代就急于成为作家。由于语言基础打得不够牢固，所以，他的作品中往往出现一些语法和修辞错误。他又舍不得花钱请人校订作品，这些错误就不可避免地出现在印出的书里了。

他的作品越受读者欢迎，一些人就越加挑剔毛病。有一个牧师，专门为挑毛病而去读他的诗，记下他在书里面多少次用了“美丽”这个词儿，而不换用别的同义词，甚至夸大说他的作品通篇都是错误。一个6岁的小姑娘听了，拿着那本书，指着连接词“和”说：“还有这个小小的词儿是你没有指责过的。”这牧师以为这小女孩在讥笑他，显得很难堪。

有人发表匿名诗，攻击他只不过是个文理不通的中学生，却觊觎诗人的荣誉，讥讽他骑着一匹既瘦又蠢的笨驴，却妄想攀登帕那斯圣山，实在自不量力。

在他们看来，一个穷鞋匠的儿子根本没有资格登上文艺女神的圣殿。他们尤其害怕安徒生一旦在文坛上站稳了脚跟，那他们这些无聊的文人就要被扫地出门。因此，一定要把安徒生逐出文学园地。

安徒生忍无可忍，声称一定要做一个人们公认的、光荣的诗人。那些人又说这是一种不可容忍的虚荣心的表现。其实，他们已经把安徒生弄得很自卑了。他又一次陷入了心情最暗淡的日子里。

这时，安徒生如果能参加某个文学团体，或投靠某位大人物，就能够得到保护。但他没有这样做，因为他要探索一条新的文学道路。

1831年，柯林不忍看到安徒生由于失恋和遭受诽谤而陷入苦闷的境地，于是建议他去做一次短期的旅行，哪怕只有几个星期，置身于陌生人中间，从烦恼中解脱出来，接受一些新的印象，对他大有裨益。

靠自己的努力和生活上的节俭，安徒生攒了一小笔钱，用它足够在德国北部玩几个星期了。

这年春天，安徒生第一次离开丹麦，游历了德国的吕贝克和汉堡。所有的一切都让他感到惊奇，他思绪万千。这里没有铁路，一条宽阔的沙质路穿过吕贝克荒野，这片荒野同安徒生读完了巴格森极为欣赏的《迷宫》之后的想象是一样的。

安徒生到了布伦斯威克，这是他平生第一次看见山脉，是哈兹山脉。从这里，安徒生徒步经格斯拉，穿过布罗肯山，来到海勒。世界似乎以一种奇怪的方式铺展在他的眼前。好心情一下子又像候鸟一样回来了，而忧伤也像一群麻雀被远远甩在后边。

安徒生诗兴大发，写了一首题为《心贼》的诗。之后，诗兴再也止不住了，一首一首诗涌到纸上。但诗中的喜剧因素越来越少了。他深深地想念起莉葆来。他尽管知道她已同别人结婚，但很难抑制住自己的情思。

几年以后他才认识到并且承认，她嫁给了一个好人，成了贤妻良母，这无论是对于她还是对于自己来说，都是一个美满的结果。这期间，安徒生还在从事一部题为《矮子克里斯蒂安二世》的传奇的写作。

布罗肯山巅有个纪念碑，旅行者到此可留下姓名，也可记录心绪、抒发感怀。于是，安徒生留下了一首诗：

站在云峰之巅，
心灵感应，
天堂近在眼前，
我与她触手可及。

通过英格曼写的推荐信，安徒生得以在德累斯顿见到路德维格·泰克。一天晚上，安徒生听他朗读莎士比亚的《亨利四世》。临别，他在安徒生的纪念册上写了几句话，希望他能成为一个诗人，然后拥抱并吻了安徒生。这一切给了安徒生极其深刻的印象。

在柏林，安徒生收到了奥斯特德的信，他介绍安徒生去拜访查密索。查密索个子很高，一脸严肃，卷发长过双肩，眼神却透露出特别的诚挚。从他身上，安徒生又找回了自信。尽管安徒生的德语不怎么样，但在查密索面前，却能够从容自如地表达自己。

安徒生送给查密索一本诗集。查密索是第一个将安徒生的诗翻译成德文，并把他介绍到德国的人。

查密索曾这样写过安徒生：

> 安徒生说话风趣，耽于幻想，幽默机智，又有着普通人的简朴单纯。他的作品具有震撼心灵的强烈感染力，尤其是他笔触细腻、生动传神，简约几笔，便将生活画面和自然景致描绘得栩栩如生。
>
> 然而，这些图景常常因地域性太强，对不是诗人同乡的读者来说，便不太具有吸引力。或许他那些能被翻译或已经被翻译的作品，并不能真正凸显他创作的个性特征。

从此，安徒生和查密索成了忠诚不渝的挚友。

德国之行对安徒生影响很大。这年入秋时安徒生脑海里装满新鲜的印象和新结识的朋友的美好祝愿。他精神振奋、朝气蓬勃地回到了丹麦。

在丹麦，他仍然受到攻击。遍布各地的尖顶塔楼已经不像是他想象中的阿拉丁的城堡，而像是那些吹毛求疵的批评家的毒辣刀笔了。

不过没有什么了不起的，他要战斗下去！他心潮澎湃，把旅途印象写成了一本书，题为《旅行剪影》。

进行第二次国外旅行

1833 年 3 月，安徒生获得国王批准的一笔国外旅行的资助金。

安徒生是第二个获得这种津贴的，按排队先后顺序，比赫茨得到的那一笔津贴少些。但已经是非常幸运了。

安徒生这次要穿过德国，到法国、瑞士、意大利去，要攀登高耸云霄的阿尔卑斯山，欣赏美丽的巴黎，观看熔岩喷发的维苏威火山，体验佛罗伦萨和罗马的节日欢乐，参观各国著名的剧院、画廊和博物馆。

4 月 22 日，安徒生离开哥本哈根，进行他的第二次出国旅行。他在心中祈祷让他在旅行的这段日子，使自己在为人和艺术上变得更加成熟，以便能写出一部经典的艺术作品，或者远离丹麦，客死他乡。

这时，又有多少亲爱的人们的容貌萦绕在他的心际啊！他的保护人柯林，他对自己的关照胜过亲生的父亲。露易莎，她那双湛蓝湛蓝的眼睛，还有送别时那阴沉、忧郁的眼神叫人那么难以忘怀。爱德华送行时那令人兴奋的微笑还历历在目，他说话那么直爽、真诚，那么深切地体谅自己，可自己常常误解他。

记得有一次，在青年朋友们出席的一次家庭聚会中，有人要求他朗诵诗，他正准备朗诵自己写的诗时，爱德华来到他跟前，告诫不要这样做，否则他就离开！他十分清楚，当时安徒生在那些人心目中不过是一个被愚弄的对象而已。

后来他以爱德华的眼光观察事物，懂得了他是如何地识时务。而当时安徒生还生他的气呢！他才是自己最忠实的朋友啊！正像俗语说的：当一个旅行者离开他自己置身其中的山岳时，他才能第一次看清它们的真面目。交朋友也是这样啊!

安徒生还特别想起了自己的母亲。她是多么慈祥、朴实、勤劳啊!她的生活那么艰难,吃了多少苦,又多么能忍受痛苦啊!她自己经常处于困境,而对儿子却寄予那么大的希望。

为了儿子的前途,母亲心甘情愿吃苦。正是她,亲爱的母亲,使儿子的注意力转移到了大自然的美和富于诗意的生活上来,如果说自己曾经描写过什么慈爱和纯真的话,那是出于自己对母亲所表示的特别感谢啊!

哥本哈根的塔楼渐渐在安徒生的眼前消失了。船抵达摩恩悬崖时,船长递给安徒生一封信,并开玩笑说,“是从天上掉下来的”。

这封信是爱德华·柯林写的,就短短几行字,却充满了诚挚的问候和致意。

经过法斯特岛时,又接到朋友的一封信。就寝时,第三封信到了。第二天清早,船刚刚从特拉夫明德起锚,又来了第四封信。

船长说:“这些信都是从天上来的。”

原来,这些都是安徒生的那些体贴入微的朋友们,临行前交给船长满满一袋子信,都是写给安徒生的。

在汉堡住着一位丹麦诗人拉斯·克鲁斯,他是悲剧《伊泽琳》、《寡妇》和《修道院》的作者,安徒生曾在皇家剧院看过其作品演出。

安徒生在德国找到克鲁斯,发现他是一个很和善的人,身体有点发福,性情极好。克鲁斯在给安徒生的留言中,表达出对故土的挚爱:

作为你自己,发挥自然的天性,
保持灵魂的纯净和心灵的快乐,

丹麦人在远离故土的异国逡巡，

还是做个回家的欧洲人。

克鲁斯

1833年4月25日于汉堡

这是安徒生在异国收到的第一份诗意的迎候，这份情谊牢牢地嵌在他的记忆里。

这次旅行给安徒生留下的第二个深刻印记，就是在卡塞尔的一处街角，看到被油漆涂掉一半的拿破仑的名字，说明这条街或广场曾几何时欢迎过他的到来。这比威尔海姆索赫所有的人造废墟和喷水池都更吸引安徒生，因为拿破仑是安徒生少年时代就崇拜的英雄。

当时，从丹麦经德国到法国，还没有铁路。安徒生夜以继日地乘坐着粗糙笨重的马车，行进得很缓慢，而且又累又脏。他来到了歌德的故乡法兰克福，那些哥特式的老式尖拱顶的房子和中世纪的市政厅，在他面前构成了一幅幅奇特的画面。他会见了德国著名作曲家阿洛伊斯·施密特。

这位作曲家读了查密索译成德文的安徒生的诗，认为安徒生才是他所需要的诗人，热情地请安徒生给他写一个歌剧剧本。安徒生找到了诗歌，总算从这枯燥乏味的旅程中解脱出来。

在美因兹市，安徒生见到了莱茵河。此时，正值春天，在莱茵河岸，因短短的葡萄藤还只能附着在城堡废墟的一面，尚不能给人留下什么深刻印象。安徒生觉得，要是葡萄藤爬满了整个城堡废墟，会好看得多。安徒生欣赏莱茵河的景致，想起了有关莱茵河的传说故事和优美歌曲，德国诗人为这条绿色海洋似的河流谱写了多少迷人的歌曲啊！

从莱茵河穿越萨布吕克和白垩土质的香帕尼地区，到达巴黎，花了大约三天三夜的时间。安徒生一路上不停地在心里喊着这座“城中之城”的名字，不知问了多少次是不是快到了。等穿行在巴黎的林荫大道上，他不再问了，而是确信他真的到了这座雄伟的城市。

到达巴黎后，安徒生已经累得疲惫不堪，他只想睡觉，可还得费劲去找个睡觉的地方。最后总算在离皇宫不远的托马斯街上的里尔饭店落了脚。此时，对于安徒生来说，上床睡觉胜于一切。但是没睡多久，他就被吵闹声惊醒了。

只见周围灯火通明，安徒生跳到窗前，从窗户看对面窄街上的一幢大建筑物里，一群人正从楼梯往下冲。外面人人都在叫喊，夹杂着雷声、闪电和东西的撞击声。安徒生此时睡眼惺忪，朦胧中还以为整个巴黎发生了暴乱。

原来对面的建筑物是轻歌舞剧院，演出刚刚散场，人流正顺着楼梯往外涌。这就是安徒生在巴黎第一觉醒来时的情形。

在法国巴黎，给安徒生留下深刻印象的还是宏伟的凡尔赛宫。安徒生诚惶诚恐地走进拿破仑的卧室，房间陈设与他生前一模一样，墙上挂着黄色的壁毯，床的四周垂着黄色的帘子。到床边要走几级台阶。安徒生把手放在拿破仑脚踩过的台阶上，然后又把手放在他的枕头上。

安徒生心想，如果当时在场的就他一个人，他肯定就跪下了。因为拿破仑是他童年偶像，也是父亲心目中的英雄。

安徒生还参观了别墅小花园里的农场，当年玛丽·安东尼打扮成农家女的样子，曾照料过牛奶场和这里的一切。安徒生在这位不幸的皇后的窗前采了一朵忍冬花，为形成对照，他又在富丽堂皇的凡尔赛花园里采了一朵卑微的雏菊。

安徒生在法兰西剧院观看了悲剧《埃杜尔德的儿童们》。那些幼小孩子的母亲是由马尔斯小姐扮演的。安徒生从马尔斯小姐身上看到了真正的青春的力量。那充满活力的动作、悦耳的声音，十分扣人心弦。安徒生虽然不懂法语，但却能理解她表演的内容。他从来没有听过一个比她更加优美动听的女人的声音。这才是真正的艺术家啊！

他准备去拜访居住在巴黎的艺术界的大师们。他应该首先去拜访他崇拜的亨利希·海涅。海涅于1830年以后移居巴黎来了。但他怕在这位说话尖刻的德国诗人面前闹出笑话，因此，迟迟没有去访问他。

一天，安徒生走进保罗·杜博特向他推荐的一家“欧洲文学社”。一位犹太人模样的小个子男人朝安徒生走过来，并亲切地说：“听说你是丹麦人，我是德国人，我们两家是兄弟，交个朋友吧！”

安徒生问他尊姓大名，他回答说：“亨利希·海涅。”

安徒生一下子愣住了，难道他就是自己在青春期魂牵梦萦，在诗中将他的情感表露无遗的那位诗人？在这个世界上，安徒生最想见到的人就是他。随后，安徒生把这些想法都跟海涅说了。

“怎么会”，海涅微笑着说，“如果像你说的对我这么感兴趣，为什么不早点来看我？”

“我做不到”，安徒生回答说，“你那么精于喜剧，像我这么一个来自丹麦不知名的小乡村不知名的作家来找你，并自我介绍说是诗人，你会觉得简直太富戏剧色彩了。我也知道，要是见了你，我的笨拙举止会让你发笑，或者甚至取笑，那样我会非常难堪。因为我是多么的敬仰你，就只好宁愿不见面了。”

安徒生的话给海涅留下了好印象，他对安徒生很和蔼，也显得很愉快。

第二天，海涅就到安徒生住的维韦亚那饭店来看他。之后，两个人常常见面，有时还一起在林荫大道上漫步。当安徒生要离开巴黎去意大利时，在分手之际，安徒生收到了海涅写给他的德文信。

在巴黎，安徒生试着读的第一本法文原版书是维克多·雨果的小说《巴黎圣母院》。每天，安徒生都能去圣母院看看书里所描绘的场景。这些细腻入微的描写和他对人物性格非凡的刻画，让安徒生如醉如痴。

随后，安徒生去拜访了雨果。维克多·雨果住在皇家广场的一角，房子是老式建筑，屋里的墙上挂的全是圣母的图片、木刻和油画。雨果见到安徒生时，穿着睡袍、灯笼裤，脚上一双精致的拖鞋。临走时，安徒生请雨果为他签名，雨果满足了他的愿望。

安徒生在巴黎待了将近3个月，他的法语还是没什么长进。他打算在瑞士某地的什么人家里寄宿一段时间，在那儿他就只能说法语了。

“如果你愿意，倒可以住到侏罗山上的小镇子里，那儿在每年8月就开始下雪，开销也不大，还能交些朋友。”

在哥本哈根结识的一位说法语的瑞士人这么跟安徒生说。经历了巴黎的喧嚣，山区的与世隔绝将令他心旷神怡。此时，安徒生也希望能在那里完成一部酝酿已久的作品。

于是，安徒生计划从巴黎出发，经日内瓦、洛桑到侏罗山上的勒洛科尔小镇。

8月中旬，安徒生离开巴黎。在车轮辘辘声中马车驶过法兰西平原，来到瑞士汝拉山时天已经黑了，在黑暗中，安徒生见两个农家女孩子上了只有他这唯一旅客的马车。

“如果我们不让她们上我们的车，她们就得在荒无人烟的小路上摸黑走好几个钟头。”车夫向安徒生解释说，“她们都是农民的女儿，我想您不会反对让她们搭乘咱们的车吧！”

“当然，一点也不反对。”安徒生有礼貌地表示。

两个女孩子知道车里坐着一个绅士，“唧唧喳喳”耳语一会儿，笑了起来。但在黑暗中，她们看不清这位绅士的面貌，安徒生也看不清她们。

“您是不是法国人？”其中一个女孩子终于鼓起勇气问道。

“不，”安徒生回答，“我是丹麦人。”

她们说，她们很了解丹麦，说丹麦是挪威的一部分，丹麦的首都叫哥本哈根，但她们不会发“哥本哈根”这个音，而说成了“科波拉尔”。

安徒生听到她们的天真无知的议论，好容易才忍住没笑出声来。在这伸手不见五指的暗夜里，听她们喋喋不休的谈话，倒也是很愉快的事。她们问安徒生是否年轻，结婚没有，长相怎样。这时，安徒生天生的幽默劲头被调动起来了。

“我年轻吗？是的，年轻。结婚没有？哎呀，还没有呢！至于本人的相貌，我认为，是丹麦男子汉中最漂亮的一个，高个子，宽肩膀，身强体壮，无所畏惧，就像斯堪的纳维亚半岛上的海盗似的。不同的是，本人出身高贵。你们只要瞧一下我的面容，保管你们一辈子忘不了。现在，请讲讲你们长得怎么样。不用说，你们两位都很漂亮啰？”

“非常美丽，比你漂亮百倍。”她们知道他是在开玩笑，也开起玩笑来，把自己描绘成地道的美人。

她们拽了一下马车的铃，表示她们已到达目的地。

“我们到站了。这位陌生的先生，您能不能出来一下，让我们在月光下瞧瞧你长得怎样？”

“我希望我能满足你们的要求，”安徒生犹豫不决，想到他那出奇的大鼻子就足以破坏这愉快的气氛，于是又说：“不过我想，我还是不出去为好。很对不起。”

她们下车时，也用手帕蒙着脸，嬉笑着向他伸出手。

“那么，您也看不着我们的脸了。再见了，从科波拉尔来的先生。”她们愉快地说。安徒生虽然看不清她们的脸，但看得出她们都很年轻，身材苗条，步履轻盈。

创作出版《阿格乃特》

马车沿着悬崖峭壁中开出的车道走着。天越来越亮了，安徒生从两块巨大的山岩之间望去，看见一条似乎漂浮在空中的模糊不清的山脉，那就是阿尔卑斯山。

车子沿着悬崖峭壁中凿出的道路往下行走，就像从空中降落下去似的。鸟瞰下面，一切尽收眼底。一股浓烟从遥远的山下冉冉升起，细细一看，那是一块灰白色的云彩飘过来。在前面，日内瓦、日内瓦湖、整个阿尔卑斯山脉都看得到了。这是礼拜天的早晨，安徒生就像置身在一座大自然的宏伟教堂里，有一种心旷神怡的感觉。

经洛桑、威维，安徒生来到了奇伦，这座秀美如画的古老城堡，因一件谋杀案而名声鹊起。

拜伦的诗《奇伦的囚徒》，使安徒生对这座城堡产生了兴趣。尽管眼前的瑟沃山峰还覆盖着白雪，但整个乡村给安徒生的印象，让他感到好像身处南方。城堡建在碧绿清澈的深湖边上，葡萄园和玉米地四处延伸，高大的老栗树在地面投下茂密的阴影，有的枝叶伸展开去，绿荫遮蔽了湖边的水面。

安徒生走过吊桥，进入昏暗阴沉的院落，看到墙上那些狭窄的垛口，当年保卫者就是由这垛口把油和开水倾倒在攻城者的身上。很多房间都装设了陷阱门，人一踏上，就会转动机关，倒霉的人就会迅疾地掉进深深的湖水，或者被固定在下面岩石上的铁钉刺穿身体。往下走，地牢里索捆犯人的镣铐已经锈蚀，里面还有一块平坦的大石头，大概是犯人用来当床的。

1826 年，拜伦来到这里，并在一根石柱上刻下了自己的名字。

带安徒生参观的妇人告诉他，当时她不知道那人是谁，想阻止他那么做，可他没听。现在，每个到此一游的人都会看那几个字母。妇人点点头，意味深长地说："看来那位绅士是个非同一般的人物。"

从奇伦继续往上走，就到了侏罗山。再接着往上，安徒生就来到了自己的新家，钟表匠的小镇勒洛科尔。

勒洛科尔是个不算小的集镇，镇子上霍里埃特友好善良的一家人，让安徒生在这里又找到了幸福的家。在这里，安徒生开始忙着写本新书。

在整个的旅途中，包括在巴黎的那段时间，安徒生一直在构思一部作品。通过旅行，安徒生的想法已越来越具体，整个细节也越发地清晰起来。安徒生开始寄希望于能凭这部作品战胜那些夙敌，并让他们承认他是个真正的诗人。

安徒生要用这部作品来证明他这次旅行期间，在创作上也是有收获的。

这部改编自古老民谣"阿格乃特和水神"的作品，共两个部分，分别在巴黎和勒洛科尔写成。从勒洛科尔寄回丹麦时，安徒生在前面加了个导言。

序言中说：还在儿童时代"阿格乃特和水神"的古老故事就吸引了他。长大以后，他带着未满足的心愿和对另一种新的生活方式的不可思议的渴求，又从这个故事中看到了生命的伟大形象。

很久以来，他就想表明如此充满他的灵魂的东西。这是出自他内心深处的东西。亚格涅特就出生在这北方气候的汝拉山的深山中，在死一般寂静的松林里。但他在心灵上、精神上都是丹麦的，他要把他心爱的作品献给他的祖国——丹麦。因为所有在国外的丹麦人都成了朋友、兄弟，所以这部诗剧也应该回国探亲访友。

这部抒情性很浓的诗剧，在哥本哈根出版了。人们曾企图把这部诗剧搬上舞台，试验了两次，但不成功。后来安徒生说："它对我来说是一尊美丽的塑像，但只供我和上帝欣赏。”尽管如此，它具有比他以前发表的作品更深刻、更丰富和更动人的特点。他以这部作品结束了他的诗人生活。

《阿格乃特》寄回哥本哈根后，就付印出版了。几乎与《阿格乃特》同时，帕鲁丹·缪勒出版了《丘比特与普绪喀》。这本书引起了每个人的兴趣，点燃了读者的热情。而安徒生写的这本书的不足，似乎也因此更加明显。

尽管有很多不足，但《阿格乃特》标志着安徒生在创作上又前进了一步。他纯主观的诗性，在这部作品里得到了客观的展露。安徒生的写作正处在过渡时期，这部剧作为安徒生能称得上纯抒情的写作阶段画上了句号。

《阿格乃特》寄出去之后，安徒生在第二天则要往南走，去意大利，到那里开始他生活的新时期。

与勒洛科尔那些亲密的友人告别时，令安徒生很是伤感。为使安徒生能在经过辛普朗山口时御寒，大妈大婶特意给他编织了羊毛手套。

《阿格乃特》和在勒洛科尔逗留的日子，宣告安徒生的诗人生涯结束了。

《即兴诗人》畅销欧洲

1833年9月5日，安徒生乘马车穿过辛普龙山脉，向意大利进发。他们走的是一条当年拿破仑军队开辟的横穿山脉的道路。接近山顶时，一条绿色透明的冰川倒映着他们的身影，天气越来越冷了。但翻过山顶，没有走多久就又是绿树成荫了。远处深蓝色和群山之间，一个个美丽的小岛有如花束般漂浮在水上。意大利的蓝天和绿水在向他招手了。

在米兰，在热那亚，在佛罗伦萨，各个城市都有各个城市的美景。在米兰，他爬上人工挖空的拱门，登上高耸入云的塔楼，观赏巨大的大理石雕像，眺望许多冰川相间的阿尔卑斯山，谛听米兰大教堂的优美乐曲。

在热那亚，他瞭望新奇而亲切的深蓝色大海，观赏沿街耸立的一个比一个宏伟的建筑物、雪白发亮的大理石神像、神像后面的宏伟剧院，欣赏市政厅墙上的古画。

在佛罗伦萨，他参观华丽的美术馆和带纪念像的富丽堂皇的教堂，欣赏“梅迪奇的维纳斯”雕像，画家米开朗基罗棺材周围的雕刻与绘画作品，诗人但丁的石棺和雕像。这些，都是前所未见过的、令人心旷神怡的景物。

他还拜访了老朋友，结识了新交，听到了种种传奇的故事。各种印象深深地刻在了脑海里。所有不开心的往事都在此刻烟消云散了。

在旅行中，安徒生不仅完成了诗剧《奥奈特与人鱼》，而且动笔写他的第一部长篇小说《即兴诗人》。

安徒生在维也纳度过了一个月之后，经由布拉格回国，1834年8

月，安徒生回到哥本哈根。窗外是冷冰冰而又碧蓝碧蓝的海水，天空像铅一样灰暗，显得那么低。他住在英格曼家里屋顶的小阁楼里，提起笔来，写他的长篇小说《即兴诗人》，他在意大利旅游时，那儿的风光和人民生活使他着迷，联想到他早年的生活和一些人物，他激动不已。

他小时候在欧登塞观看《多瑙河的妇女》这出剧时，对女主角——一位著名歌唱家的精彩表演印象特别深刻。多年以后，他又见到了这位歌唱家。而后来她却在一个供可怜的寡妇居住的济贫院度她的余生，满脸皱纹，穿一件一度是黑色的旧丝袍。安徒生在意大利的那不勒斯听了一场著名歌唱家马利布兰的精彩演出，她的歌声优美感人，超过他所听到的一切歌唱家的演唱。

这时安徒生突然想起欧登塞济贫院里的那位贫困可怜的歌唱家。他把这两个人物作为小说的模特儿，糅合在一起，把意大利作为体验生活和构思人物的背景，开始了这部小说的创作。他在罗马时完成了第一章。

在罗马，他收到海伯格的一封信，海伯格在信中说安徒生有点“即兴诗人”的味道，这是一句批评性质的话，安徒生当时就很幽默地用了这句话作他的小说的标题。他在慕尼黑写了几章。现在集中全力把它写下去。

小说的情节大致是：安东尼奥在慈母养育下度过童年，随后母亲去世，过着寄人篱下的生活，后在耶稣教会学校显露诗歌天才。

他爱上了他的保护人——一位罗马大官的女儿，向她倾吐他的理想，朗诵诗作。她待他也很好。可是她的父母决定把她送进修道院，让她在那儿为拯救世界献出她的一生。

另外，他一贫如洗，她家里人尽管心地善良，但还是瞧不起他，上流社会动不动就教训他，谁也不相信他有什么天才。这都是有真实生活体验的。小说里还有一位名叫拉拉的瞎眼讨饭的美女，也是有模特儿的。

小说的结尾按人民大众的意愿，做了这样的安排：安东尼奥和拉拉结为夫妻，过着幸福的生活，拉拉双眼复明了。他用一种美好的大团圆来结束小说。安徒生觉得，他们历尽苦难，这是给他们的补偿。

当然，在这部作品中，男主角的原型也或多或少有他自己的影子在里面，而这位罗马大官的女儿，就是一直帮助他的乔纳斯·柯林的女儿路易莎。在这部作品中，安徒生为路易莎描绘了一幅美丽的肖像，他把她当作情人一样地疼爱。

这是一本篇幅很长的文学作品，也算一本剧情复杂的作品，安徒生花了很大的精力去完成。写好后，安徒生又开始担心出版问题，因为谁会出版这样一部长篇的作品呢？

幸好安徒生这时也算是一个有点名气的作家，那个出版过《徒步旅行》的出版商很快接受了下来。

7 个月后，即在 1835 年的 4 月 9 日，《即兴诗人》付梓出版了。

《即兴诗人》出版后，先是在国外获得了很高的评价，继而在国内也获得了人们的认可。安徒生在其自传中，不无自豪地说：

> 我第一次感到自己已获得了应有的承认。从德国传来了对我的作品的优点的第一次明确承认，或者更确切地说，也许是过高的评价。后来从瑞典也传播出对我的赞赏。
>
> 在最近两年当中这部作品在英国受到同样热情的欢迎，在国外到处都响亮地称颂这部作品的优点。
>
> 后来有一些英译本在北美出版了，接着在圣彼得堡出版了转译自瑞典文的俄译本，也译成波希米亚文本。
>
> 这本书在荷兰也受到热烈的称颂，出版了莱布伦夫人的法译本，得到了很高的评价。

有英国评论者指出："这本书在小说界的地位等于拜伦的《柴尔德·哈罗德游记》。"

德国作家查密索，则将其"排在《巴黎圣母院》《壁虎》等作品之上"。

无疑，这是对安徒生小说艺术的充分肯定。小说创作为安徒生赢得了国际声誉。

1843年出版的德文版《安徒生文集》，所收作品为小说、诗歌和剧本，并未将他的童话包括在内，这从一个方面也显示了安徒生小说创作的水准和影响。

这部长篇小说的出版，是安徒生生活道路上的一块里程碑，安徒生说："它使我已经倒塌的房屋重新矗立了起来！"《即兴诗人》的出版，使安徒生从此名震欧洲。

创作不朽的童话

人不分贫富贵贱，生命中都隐藏着一根脉络，证明我们是人类大家庭中的一分子。

——安徒生

开辟童话的新园地

从1834年至1838年，安徒生住在丹麦首都哥本哈根朗厄里尼港湾右侧的20号公寓。

在1834年，一贫如洗的安徒生借居在20号时，并没有因为穷困而潦倒。他坐在窗前，倾听着运河上鸣响的木帆船的摇橹声，看着河边酒吧里扯着嗓子，不停地举着酒瓶子正在寻欢作乐的海员，想象着穿着布裙子在码头边卖花的乡间女孩的笑脸。

童话是安徒生一切创作中的皇冠。1835年，安徒生写信给女友说："我要为下一代创作了。"从自己的童年体验中，安徒生深深理解穷苦孩子生活的寂寞和痛苦。

安徒生认为，在诗歌的领域中，没有哪一样能像童话那样无限包容。童话，会给孩子们一点快乐、希望和教益吧？他开始用一切感情和思想来创作。

1835年，安徒生的第一本童话集问世，其中收入《打火匣》《小克劳斯和大克劳斯》《豌豆上的公主》《小伊达的花儿》四篇童话。

他的童话多么新鲜有趣啊！你看，那个描写某士兵的童话《打火匣》。那些穿金戴银的显贵，坐着金碧辉煌的马车，从这个士兵身边疾驰而过，那么傲慢，那么瞧不起他，就因为他穷得叮当响。他后来从魔窟里得到了好多钱，把这些钱都送给了穷苦的人们。

只剩下一个烟斗和一个在魔窟里得到的打火匣了。他偶然擦了一下打火匣，突然跳出一只狗来，他要什么狗都能够为他办到。要是擦3下，就可以跳出3只狗来。真有意思！

这个士兵爱上了美丽的公主，要娶她为妻子。国王和王后哪能同意呢！法官和国王的谋士非绞死他不可。在紧急关头，这个士兵擦了3下打火匣，顿时跳出3只大狗，咬住法官、大臣、国王和王后，把他们扔到高空中，他们跌下来就成了肉酱。

老百姓高兴地叫起来："小兵，你做咱们的国王吧！你跟那位美丽的公主结婚吧！"

就这样，大家把这个兵拥进了国王坐的车子里。那3只狗就在前面跳起舞来，同时高呼："万岁！"

小朋友们用手吹起口哨来，士兵们敬起礼来。结婚典礼举行了足足8天。小兵认认真真做了国王，公主高高兴兴做了王后。

还有那两个克劳斯的故事，那个富克劳斯多么贪婪残暴，那个穷克劳斯又是多么精明能干！穷克劳斯狠狠愚弄了富克劳斯。富克劳斯贪得无厌，最后，愚蠢地相信钻进那个袋子里，让人投进河里就可以得到大笔财富，结果把命丢了。读起来真叫人痛快！是的，肩膀上有个聪明的脑袋，比腰缠万贯要强百倍。

还有那《豌豆上的公主》，老皇后在床榻上放一粒豌豆，用20床垫子压在这粒豌豆上，又在这20床垫子上放20床鸭绒被，这位公主睡在上面居然能感觉出有粒硬的东西在下面。老皇后认为她有这样嫩的皮肤，是真正的公主，便选她做了王子的妻子。这粒豌豆也被送进了博物馆。

作者还说："请注意，这是一个真的故事。"居然有这种事？有意思！

安徒生不但继承了民间文学的传统，还在现实生活中广泛挖掘创作素材，并按照自己独特的写作方式，创作出各种各样的童话。它们短小精悍，生动有趣，极富于哲理。他把在写长篇小说描写人物时使用的独特手法，创造性地运用到了童话故事的写作里了。这些童话来自安徒生自己的人生经历，"它们像'种子'一样藏在我的思想中，一股涓涓细流、一束阳光，或一滴苦酒，就能使它们破土而出。"

事实上，早在1832年，安徒生就发表了《老约翰尼的故事》《跳蚤和教授》《开门的钥匙》《跛子》《牙痛姑妈》5篇童话故事。《即兴诗人》中的一些内容，也具有童话的性质。

安徒生还清楚地记得济贫院的老婆婆给他讲的故事。还有在采啤酒花时，听老奶奶或农民讲的故事。

蜡烛的火苗摇曳着，墙上跳动着古怪的影子。

“你们听”，老约翰尼说，“风会唱歌，还会讲故事呢！”

小安徒生听得非常认真，不漏掉一句话。老约翰尼一句一句地讲下去，像她纺机上的线那样越拉越长，变成了一个个扣动他心弦的故事。这就是安徒生的《老约翰尼的故事》等几篇童话的素材。

而《小伊达的花儿》这篇童话故事，还有人物原型呢！有一次，安徒生到诗人蒂勒家去做客，见到6岁的小姑娘伊达正在发愁地望着一束凋谢了的花儿。

“我的小花儿真的死了吗？”她眼泪汪汪地问道，“昨天晚上它们还那么美丽，可现在全都蔫了。是什么东西使它们这样呢？你看。”她用小手儿指着那束凋谢了的花儿。

“它们生病了，我告诉你它们是怎么生病的吧！”安徒生说，“你看，这些花儿昨天晚上参加了一个舞会，一直玩到很晚很晚才回来。所以都累得耷拉着脑袋了。”

“可是花儿不会跳舞呀！”小伊达惊奇地说。

安徒生觉得小伊达提的这个问题很有意思。于是，安徒生把伊达抱过来，放在沙发上，用一只胳膊搂着她，给她讲各种花卉和玩具如何在晚上举行舞会，花儿如何变成了一只只蝴蝶，彼此之间怎样交往，怎样谈话。小伊达简直听得入迷了，这一切有多奇妙啊！这位叔叔讲得这么认真，想必这都是真的吧！

安徒生以后把关于“小伊达的花儿”的故事讲给别的孩子听，他们都听得那么入神。于是安徒生把它写成童话《小伊达的花儿》念给孩子们听，他们还是百听不厌。

安徒生的童话故事，就是这样先口头讲述，然后再写成作品，保留口头讲述的语气及其特点，通俗易懂，朗朗上口。

安徒生第一次到小伊达家，还是他在哥本哈根大学念书的时候。15 年以后，伊达·蒂勒成了大姑娘，嫁给了亚历山大·威尔德上尉，他后来晋升为丹麦海军的一位海军准将。伊达·蒂勒十分善良，她没有对任何人说过一句粗鲁的话，做过一件不好的事。

安徒生继承了民间文学的丰富传统，又从现实生活中挖掘宝藏，按自己的方式，写出各种各样独具特色的童话，它们短小精悍，生动有趣，并且富于哲理。那些通过不同的讲故事人的口讲述的故事，由于讲述人不同，每个故事又各有其独特的表现手法和独特的色彩，每个讲述者都有自己讲故事的独特方式。

安徒生把写长篇小说描写人物独特性格的手法，创造性地运用到了童话故事的写作中。

潜心创作美妙的童话

安徒生的童话尽管很受孩子们的欢迎，但哥本哈根评论界对其却不屑一顾。

关于安徒生的童话集，《每月评论》连一句话都不提，就像出版界压根儿不存在这么回事似的。有一份叫《丹诺拉》的评论性杂志，居然劝安徒生不要把时间浪费在写童话故事上。

连安徒生的好朋友柯林都不理解地批评他说：“您过早地返老还童了，糊涂起来了，安徒生!”

出版商也告诉他：“长篇小说才是最重要的，童话反而卖不出去。”

有一位植物学老教授尤其反感“童话”，他大发雷霆道：“居然把这样的怪念头灌进一个个孩子的脑子里，全是些没有道理的幻想!”

而安徒生则反驳说：“不，尊敬的教授，对不起，鞋匠的儿子斗胆同您争论。您的学问也太高了，连鼻子尖以外的东西都看不见。不管您怎么发狠，您还是埋葬不了童话的，童话是永生的!”

很多人买安徒生的童话，也只是把它们看作睡觉前念给孩子们听一听的书而已，认为它们远不如他的长篇小说《即兴诗人》价值大。

只有奥斯特德持不同的观点。他在安徒生的《即兴诗人》和第一部童话集出版之前，就对安徒生说过：“你瞧着吧!《即兴诗人》会使你名闻遐迩，而你的童话则将使您永垂不朽!”

在安徒生看来：“童话的种子埋藏在我心中，只需一泓流水、一道阳光、一滴苦酒，就可以发芽开花。”“我无法遏制住童话从我内心中夺路而出的冲动。”

安徒生潜心于童话创作，为孩子也为成年人，他说：

> 我的心中充满了继续在童话写作领域进一步前进的强烈愿望，我想要更加彻底地学习这类好的作品，以更加细腻的心态吮吸来自大自然的丰富源泉，从中汲取创作的养分。如同一个辛辛苦苦的登山者一样，我在童话的国度里一步一步向上攀登着。

安徒生被《即兴诗人》的成功激起的写长篇小说的热情也在鼓励他把另一部已经烂熟于心的小说写出来。小说的情节从哥本哈根大学生们的一个热闹晚会开始，逐渐转到费恩岛上一个伯爵的庄园里，在这里主人和客人们围绕诗歌的思想和形式问题展开激烈争论。

之后，把读者带到欧登塞的一条河边，让他们去听一群洗衣妇女对被诬告盗窃、死在牢狱里的年轻女仆的遭遇的议论，这位女仆就是欧多的母亲。

这位母亲死后，欧多被一个地主收养。欧多的朋友威廉从小生活在费恩岛大自然的优美环境中，过着阔绰生活，乐观而自信。

欧多则忧郁寡欢，性格内向，他爱上了威廉的妹妹索菲，但他又不可能和这位上层社会的美人儿结合；索菲接受了一位宫中侍从的求婚，那是一个庸俗不堪、毫无才华的家伙。

一个蛮横无理的贼头贼脑的女仆又伪称是欧多的姐姐，恐吓欧多。后来弄清了，那位贫穷、善良、美丽的爱娃才是他的姐姐。欧多对轻浮的索菲失望后，赢得了温柔的露易莎的心，两人深深相爱了。

开始时，安徒生打算给这部小说取名为《两个大学生》，但越往下写，欧多和威廉之间冲突越退居次要地位，欧多成了贯穿始终的主要人物。1836 年 1 月脱稿时，安徒生决定把这部小说题名为《欧·多》。

“欧·多”又是“欧登塞监狱”的意思，欧多的母亲死于那里，欧多还在婴儿时肩膀上就刺了“欧·多”两个字。

在一朵美丽的郁金香花的正中央，那根绿色的雌蕊上坐着一个只有半个拇指长的拇指姑娘，一个漂亮的胡桃壳是她的摇篮，紫罗兰花瓣是她的垫子。一只癞蛤蟆要她做她的儿媳妇。她后来乘一片睡莲叶子，在小鱼的帮助下逃走了。

金龟子认为她长得很丑。有一只田鼠，它特别爱摆架子，穿一件天鹅绒袍子，还有一只鼹鼠，它整天忙忙碌碌，言谈举止颇像哥本哈根那些庸夫俗子，这两个家伙有一套“至理名言”，一个劲地开导她，田鼠还劝她嫁给鼹鼠。

拇指姑娘大胆地救了一只眼看就要冻死的燕子，为了报答她，燕子把她带到了一个阳光明媚的国度。

在那儿的一片有着大理石石柱的废墟中，长着一丛美丽的白花，每一朵花里都住着一个小小的男人或女人，很显然他们是些小爱尔菲仙人。那朵最美丽的白色鲜花中央，坐着的那个白皙透明的小男人，戴着一顶最华丽的小王冠，肩上生着一双发亮的翅膀，这是他们的王子。

这位王子很喜欢拇指姑娘，取下他的金王冠戴在她的头上，问她愿意不愿意做他的妻子，拇指姑娘也喜欢这位王子，便答应嫁给他，她便成了一切花儿的皇后。拇指姑娘是一个怀着一颗多么忠诚而慈爱的心的姑娘啊！

安徒生特别喜欢小姑娘伊艾达·伍尔芙，她那么善良、温柔、身体病弱，个子那么小，简直就像拇指那么大，有一次他开玩笑说，就叫你拇指姑娘吧！由此，他又产生一连串的浮想，由她又想到小爱尔菲仙人。

他和她离别后，他好几封信里还管她叫作“我的光辉的小爱尔菲”。她到意大利去了，也许她正在那儿的有着大理石柱的废墟中漫步呢，或者正在月光下同一群小爱尔菲仙人跳舞呢……想着想着，安徒生完全忘记了自己，进入了一个美好的意境里，之后，挥笔写出了《拇指姑娘》这篇童话。

一丁点小的拇指姑娘引起了孩子们的极大兴趣。父母们都很喜欢把安徒生的童话念给孩子们听，他们听得那么津津有味。

但哥本哈根的评论家们却不理睬一丁点小的拇指姑娘，瞧不起她。他们对安徒生的童话还是不屑一顾。

1836 年，安徒生的长篇小说《欧·多》出版了。这部小说出版之后，有些人认为，这是安徒生最好的一部小说，为此，这部作品的销路也非常好。奥斯特德也很喜欢他的这部作品，并给它很高的评价。

可是，丹麦文学界的某些人又开始和安徒生唱起了反调。他们说："安徒生有写诗的天才，我们承认，但他如果因为出版了两本小说就自鸣得意的话，我们就不同意了。因为他的小说没有清新的意境。"

但尽管如此，《文学评论》月刊却发表了一篇文章予以好评。得到这家杂志的好评，在安徒生写《徒步旅行》以来还是第一次。同时，这部作品还得到了很多外国作家极高的评价："安徒生苦心创作的小说中，他丰富的想象力、深刻的思想和敏感的诗人天分，都清晰地表现出来。其中，他最为优秀的特点是他从贫苦的处境中拼命进取，而获得成功的坚毅品质。"

如此一来，安徒生的声誉在国外，尤其在德国、意大利、瑞典等国家，比在他自己的丹麦本国还要高。

安徒生继续在两条战线上作战，一条战线是写长篇小说，一条战线是写童话。这一年他又发表了 3 篇童话。

安徒生有着丰富的生活经历，他想，何不从自己亲身经历的事情中提炼素材，写一部小说呢？

是的，这个想法妙极了。许多事情闭眼一想，都历历在目。于是安徒生动手写一部描写某小城市的一个裁缝的儿子克里斯蒂安的故事。

它的主人公是一个提琴手。对了，写他的童年和青年时代。他的父亲幻想去漫游遥远的国度，于是当了一个雇佣兵，母亲是一个洗衣妇，非常爱儿子和丈夫，儿子也富于幻想。但她认为他们都是异想天开，净想些不切实际的事。儿子少年时代爱上了黑眼珠的瑙米，这个姑娘现在也到遥远的地方去了。

安徒生已决定把写童话，当作今后的重要事业坚持下去。何况孩子们都爱读他的童话，孩子们是国家的花朵和未来，为他们写作也是很叫人高兴的事啊！他继续认认真真地写他的童话作品。

善于讲故事给别人听

孩子总是童话最热烈的渴求者，自然也是安徒生最坚定的支持者。每当安徒生出现在某个家庭时，孩子们总会奔跑过来缠住他，央求道："今天讲个故事，好吗？"

安徒生则说："等一等，咱们找一找。"

随后，安徒生把手伸进衣袋里，假装很认真地找起来，做出那儿真的藏着什么故事的样子。

"不，不在这儿，唔！不要紧，你看，它就会自己出来的。最好的故事总是自己跑出来的！"于是，安徒生绘声绘色地讲起一个又一个童话故事。

整个阅读会一般会持续一个多小时的时间，一大群成人和孩子坐在安徒生的面前。

当安徒生朗读童话故事的时候，已经着迷的孩子们就会像老鼠那样一声不吭。

威尔德上尉在回忆录中，对安徒生在沙龙中的阅读会进行了细致的描述，整个阅读会一般是按照固定的模式进行的，气氛庄重严肃。

在全部听众就座之后，安徒生才坐在自己的椅子上，吃力地把一条腿搭在另一条腿上，用亲切的目光环顾一下面前的所有听众，然后用右手拿着手稿，左手在自己的脸上从上到下慢慢地擦一把：

当他坐下时向我们问候的表情，现在已经无影无踪，整个人立刻沉浸在周围的环境当中。于是，一部文学巨作，便在无声无息的听众面前轻松自然地拉开了帷幕。

即使是一个精心照料初生婴儿的母亲，也做不到像安徒生那样，以无穷的爱和温柔去打理他心中生出的作品。

他的行动虽然常常显得笨拙而不协调，但是和他嘴里说出的每一个字配合在一起，这些行动便会显得相得益彰、珠联璧合。

哪怕他只是伸展一下手臂，抬起一只手，或是伸出一个指头，举手投足之间都透露着难得一见的优雅。尽管他的声音并非特别动听，但他的阅读听起来却像是没有伴奏的乐章。

安徒生喜欢一边给孩子们讲故事，一边剪纸，等到故事结束了，他的剪纸也剪好了。

安徒生在他的自传里写道：

我的故事是从来不要人久等的。中国大花瓶上画的青龙，窗外飞过的麻雀，用旧的细软羊皮手套等，都成了我故事的主人公。

有时候，我操起一把剪子，说时迟那时快，就把一张纸剪成了一个坐在布垫子上的老巫婆，她那鼻子尖上还坐着一个小人儿哩；或者剪成一个单腿独立而舞的姿势优美的芭蕾舞明星；或者剪成一只停在窝里的长腿鹳鸟。

我小时候学会的这门手艺，已经达到炉火纯青的地步。不用说，对每一张剪纸，我都能讲出一个故事来。

原来，安徒生不只是小说、童话作家和即兴诗人，他还喜欢随身带着小剪刀，以便构思童话时剪纸。当童话的结局产生时，纸也剪完了——一打开，完整的剪纸艺术品即刻展现出来。但他绝非简单的爱好，而是一位杰出的剪纸艺术家。

在橘黄色的灯光下，不只造就了浪漫的文学作品，也创造出精美的手工艺术。后来，它们有的被贴在安徒生纪念馆的大门上，让世界各地来访的游客欣赏。

《海的女儿》诞生了

当春天再次来临的时候，安徒生想起自己过去一段失败的爱情经历，想起《亚格涅格》这部小说的女主人公的遭遇，她在龙宫里度过了多年，后来扔下丈夫龙王和6个幼女，回到了人间。她的几个女儿怎样呢？

安徒生的脑海里又浮现出一个个画面。6个小人鱼由祖母教养，正在成长中，6个小人鱼都那么美丽，而那个最小的是最美丽的。她的皮肤又光又嫩，像玫瑰的花瓣，她的眼睛是蔚蓝色的，像晶莹的湖水。她把自己的花坛布置成圆形，像一轮太阳似的。她最愉快的事情是听人讲人世间的故事，对此她充满了美好的幻想。

到15岁时，祖母给她戴上一个百合花编的花环，每一个花瓣上有一颗珍珠，让她把头伸出海面去玩。她看见了好多好多的东西，而最使她高兴的是，海面上的一条船上有一个王子，他长着一对大大的黑眼珠，真是漂亮极了。

突然，起了大风浪，王子乘的那条船被打翻了，他掉到海里，眼看就要淹死了。小人鱼游过去把他救起来。她深深地爱上了王子，为了爱情，她愿意牺牲生命。后来，王子也无所顾虑地接受了她的爱情。

安徒生反复思考着这个故事，扩展开来写，够写一部长篇小说，自己的许多体验都可以写进去。当然，写成一篇童话也挺好，短小精悍，很有韵味。

于是，安徒生写信给伊艾达·伍尔芙，她很欣赏他的构思。他又去征求奥斯特德的意见。奥斯特德劝他写成童话，理由是：童话可以容纳那么多新的、迷人的手法，无论表现忧愁，还是欢乐，或者幻想、希望，都不次于抒情诗。

它可以像小说一样描绘森林、河流、海洋、天上、地下的种种画面和场景。表现现实的、幻想的各种人物的心态和变化，情节可以灵活安排，把写长篇小说的题材写成一篇童话，那韵味一定会很浓。

安徒生同意了奥斯特德的看法，事实上，他对写童话是很有兴趣的。于是，安徒生不再犹豫，提起笔来，一气呵成，写成了一篇题为《海的女儿》的童话。不久，安徒生又写了一篇讲述一位非常喜欢好看衣服的皇帝故事。

这本童话集就是由《海的女儿》和《皇帝的新装》两篇杰出童话构成。

安徒生给这本童话集写了个前言，题为《致成年读者》。他的童话不仅是给儿童看的，也是给成年人看的，在他向成年读者进言之后，在结尾部分，安徒生说道：

> 在一个小小的国度里，诗人永远是一个可怜的人，因此他特别需要追逐荣誉这只金翅雀。我们将看到，我的这些童话织成的网，是否能逮住这只金翅雀。

畅销书作家收入微薄

1837 年，安徒生构思的那部关于提琴手的小说出版了，他为这部作品取名为《孤独的流浪者》（《提琴手》）至此，安徒生已经出版了 3 部长篇小说了：《即兴诗人》《欧·多》《孤独的流浪者》。

丹麦一位有影响的人物——诗人豪克写了一篇文章，对安徒生的 3 部长篇小说做了总的评价。他指出，安徒生从辛酸的经历中倾尽了他的亲身体验的痛苦而深刻的感情，他在这些作品中向世人讲的一切，无疑是值得倾听的，因为他书中讲的也许只不过是个人的最隐蔽的内心生活。同时，也是有才华与天才的人们的共同命运，至少在这些人处于贫困中时是如此，与我们面前摆着的人们的情况一样。他不仅表现了他自己的独立个性，同时也表现了他所深刻了解的许多人必须经历的重大斗争。安徒生不仅是才能和天才的捍卫者，同时也是每一颗遭到无情无义对待的心的捍卫者。

他特别指出安徒生最主要的东西是才能，或者至少是高尚的本性，这些将从狭窄的令人窒闷的环境中闯出一条路来。

他最后这句话，用在安徒生童话创作中也是合适的。从第三本童话集可以看出，安徒生已经吹响了向童话王国大进军的号角，大大加强了在这条战线上作战的力度。

1838 年，安徒生到瑞典去旅行。瑞典最迷人的是特罗尔黑坦的景色。安徒生在这里乘船游览时，很意外地结识了瑞典女作家布雷默小姐。

安徒生同船长和一些作家谈论着瑞典的作家们，提起自己打算同布雷默见面。

“你见不到她，”船长说，“她现在正在挪威访问呢！”

“我在旅途中运气总是好的，”安徒生开玩笑说，“我所希望的东西总能得到满足。”

“不过这次可满足不了。”船长说。

几个小时以后，船长笑眯眯地来到安徒生跟前，手里拿着新上船的旅客名单。“你真走运，”船长走过来对安徒生说，“布雷默小姐就在船上，她跟我们同船去斯德哥尔摩。”

安徒生以为他是在开玩笑。船长把名单给他看，他仍然不大相信。在午夜时分，天快黑了。因为瑞典在北极圈附近，要过午夜天才全黑。此时，船正在维内尔湖上。

安徒生走出船舱，打算到甲板上等着看日出的景色，这时有个女乘客也出了船舱，她包着围巾，披着斗篷。安徒生想，她很可能就是布雷默小姐。于是安徒生跟她搭话，讲起布雷默的几部作品，问这些作品是不是她写的。同时，安徒生还把他的《即兴诗人》一书送给她。

布雷默小姐拿着书立即进船舱了。过了几个小时，她容光焕发地走出来，非常亲切地握住安徒生的手说，她读了第一册的大部分，感到非常高兴。他们就这样认识了。布雷默小姐后来成为把安徒生作品译成瑞典文的著名译者。

安徒生是个多产的作家，而且很多都是畅销书。但是，他的稿酬究竟有多少呢？后来，安徒生在访问英国时，在一次谈话中，英国作家狄更斯问到他的《即兴诗人》的稿酬。

“你得到多少？”狄更斯问。

“19 英镑！”安徒生说。

“19 英镑一页吗？”狄更斯细问道。

“不，一整本书。”安徒生说。

“我听错了吧！不会整本书只得 19 英镑吧！你准是说每一页 19

英镑吧！”狄更斯惊讶地问。

“的的确确整本书得了19英镑，每一页只半英镑左右吧！”安徒生说。

“要不是你亲自讲的，”狄更斯惊呼道，“我真不敢相信这话是真的。”

丹麦国王斐特烈六世，建立了一种非公职津贴制度：给有成就但又无任何公职的青年文学艺术家一笔小小的补助费，丹麦的一些重要诗人，如爱伦士雷革、英格曼、海伯格、温特尔等，都先后获得了这种补助金。

经过柯林的帮助，在1839年，安徒生也获得了每年200英镑的补助金，这使安徒生的生活有了切实的保障。

辉煌时代的来临

有了一些小成绩就不求上进，这完全不符合我的性格。攀登上一个阶梯，这固然很好，只要还有力气，那就意味着必须再继续前进一步。

——安徒生

《黑白混血儿》轰动了

安徒生在生活上有了基本保障后，他就可以更好地安排自己的创作实践了，他对写童话更加钟情了。

一些鲜明的形象涌现在安徒生的脑海里：从前有 25 个锡兵，他们肩上扛着毛瑟枪，制服一半是红的，一半是蓝的，25 个锡兵一模一样，只有一人稍有点不同：他只有一条腿。但他仍然能够站着，因此他是最引人注意的了。

在放着他的那张桌子上，有一个纸做的宫殿，敞开的门口站着一位小姐，那是纸剪的一位舞蹈家。她的一只腿抬得非常高，看起来也像锡兵一样只有一条腿。这个锡兵喜爱上了这位小姐。他的遭遇多么坎坷、多么有趣啊！最后他掉到火炉里，身子不见了，化成了一颗小小的锡心。

安徒生把自己的构思变成了一篇迷人的童话，标题是《坚定的锡兵》，又把另两篇新写的童话，放在一起编成新的童话第一集第一部。

《坚定的锡兵》不仅是小朋友的最爱，也是成年人很喜欢读的一篇童话。不但丹麦人喜欢读它，外国人也很喜欢读它。德国大诗人海涅曾很有兴致地把《坚定的锡兵》朗诵给妻子听。

有一次，安徒生在德国旅游，他去拜访海涅时，海涅接待他以后，就高兴地对妻子说："我给你介绍一下，他就是《坚定的锡兵》的作者。"

《坚定的锡兵》等一些童话，也在哥本哈根皇家剧院由第一流的演员朗诵过，很受欢迎。

现在，安徒生写童话故事的热情更高了，他又写了几篇童话，把它们编成新的一集童话的第二部，其中包括《鹳鸟》等3篇童话，这部童话集于1839年出版了。

碰到好的题材，安徒生也会写其他体裁的作品。有一次，一个偶然的机会，安徒生读到了一篇法文小故事《穷途潦倒的人》，并为之深深地吸引。

安徒生利用这个题材，用当时流行的交替押韵诗的形式，写成了《黑白混血儿》。剧本写成后，他念给几个对戏剧内行的老朋友和一些演员听，他们都说剧本很精彩、很有趣，尤其是著名演员威廉·霍尔斯特，对剧本大加称赞。

但是，剧本送到剧院后，却遭到了保守势力的代表莫尔比奇的反对。不过，由于剧院经理国家枢密顾问艾德勒的支持和赞助，以及许多听过剧本朗读的人的赞扬，特别是奥斯特德和爱伦士雷革的支持和赞赏，剧院最终决定演出这部戏。

然而，就在剧院要演出安徒生的这个剧本的那一天，丹麦国王斐特烈六世驾崩了，使得演出不得不被取消。

《黑白混血儿》耗去了安徒生许多个不眠之夜！可是演出被取消了！这部剧本的主题是保护被压迫的黑奴，剧本的主人公混血儿戈拉齐奥的悲惨遭遇，又和安徒生多么相似！人们不是根据这个混血儿的性格，而是凭他的低贱出身来判断他的。幸亏后来他被一位竭力维护平等和正义的法国女郎赛西莉娅搭救出来了。

安徒生以高度热情创作出来的这部剧本的演出，又不知何时呈现在观众的面前！

1839年4月2日，丹麦首都哥本哈根的一批文艺界名流聚会，庆祝安徒生43岁的生日。

当时，诗人蒂勒站起来，举杯向在座的朋友们提议："祝安徒生健康，愿莫尔比奇完蛋，干杯！"大家齐声喝彩，干了一杯。

"我拿一瓶香槟酒打赌，我们很快就会看到《黑白混血儿》上演！”演员尼尔生大声说，表达了大家急切希望看到《黑白混血儿》演出的愿望。

剧院关门两个月后，克里斯蒂安八世继位。剧院由于上演《黑白混血儿》又开门了。观众早就盼望上演这个剧目，戏票一售而空，剧院大厅里挤满了人。

在“贵宾席”第一排就座的有爱伦士雷革、海堡、赫兹，还有雕塑家多瓦尔生，他蓄着满头狮毛般的长发。

首场演出的整个晚上，安徒生都如坐针毡，注意力一会转移到演员海博格夫人身上，一会又转移到演员尼尔森夫人身上，一会又转移到赖奇医生、舞台上的其他演员以及底层和包厢的观众身上。

安徒生想，起初几幕观众都表现得异常安静，甚至连精彩场景也没有打破观众的沉默。他们难道一点也没有激动吗？

他们的确激动了。正如剧院老板霍尔斯坦预言的那样，这部戏可让哥本哈根那些经常出入剧院的戏迷们开了眼。

安徒生如释重负，几天后，他向朋友亨丽埃特·汉克详细描述了这次首场演出：

> 在第 4 幕，观众的血液开始升温，到了第 5 幕，便开始沸腾，之后便落幕了！突然，整个剧院爆发出震耳欲聋的掌声。掌声持续了好长时间，我也因此激动得热泪盈眶……

这部戏是安徒生所写的戏剧中最好的一部，因为该剧不仅仅是一部戏剧，而是通过大胆聚焦于奴隶问题，同时与个人的精神和肉欲相联系，为这个法国故事赋予了一种更为广阔和创新的内涵。戏剧吸引人的主题可以称得上是戏剧中的戏剧，这也完全是安徒生自己创作的。

随后，《黑白混血儿》被译成了瑞典文。在斯德哥尔摩上演时，观众同样报以长时间的掌声。

外国观众们还把这部戏介绍到瑞典的一些较小的城镇。一次，安徒生在瑞典隆德参观别墅，他受到了非常亲切、热诚的款待。一群大学生还特地为他举行公开聚会，发表演说，隆重地授予他一张荣誉证书，热情地宣读贺词。

对《黑白混血儿》的这些热烈反响，是安徒生自己都没有料到的。

随着《黑白混血儿》获得的成功，安徒生开始构思一部新童话作品了，他采用《一千零一夜》的格式来写。

故事的主人公是一个穷苦的孩子，他住在一条最狭小的巷子里，最高的楼层上。一天晚上他悲哀地站在窗子跟前，打开窗扉，朝外眺望，高兴地看到一个圆圆的、和蔼的面孔，那是他在故乡所熟识的朋友——月亮。

这位朋友，每天晚上出来的时候，都探望他几分钟，告诉他头天晚上或当天晚上看到的东西。他把这些都画了下来，画了 33 夜月亮给他讲的事情。第一夜讲的是印度发生的事，第二夜讲的是巴黎的事，第三夜讲的是德国的事，就这样，构成一部没有画的美丽画册，有如一颗颗色彩独异的美丽的小珍珠。

这篇童话构成了一本书，题名为《没有画的画册》。1840 年一出版，就成了安徒生最受欢迎的作品之一，英国很快就出版了这书的两种译本，还把它变成了带画的书。

同年，安徒生又写了剧本《摩尔人的女儿》，这部剧目的故事发生在 13 世纪西班牙城市的科尔多瓦和西班牙南部位于科尔多瓦东南的格拉纳达城市，当时摩尔人和基督徒正在进行战争，剧目中的女主角叫作拉斐拉，她是一个勇敢、坚强的女孩。

剧本一经完成，立即被皇家剧院看中，安排在 1840 年 12 月 18 日作首场演出。

但许多麻烦接踵而至。原本应该出演主演的女演员海贝尔夫人拒绝出演这个角色。

首先，海贝尔夫人在排练时，经常抱怨说安徒生的剧目手写稿笔迹潦草，然后一直推迟对这部戏的演出，后来，在这部剧目重新被抄写一遍之后，她仍然不肯认真地排练。

原来，海贝尔夫人是哥本哈根戏剧风尚的审判官约翰·卢兹维·海贝尔的妻子，这位海贝尔先生对安徒生的作品百般挑剔，是一个冷酷的批评家。

为此事，安徒生亲自前往海贝尔夫妇家，请求海贝尔夫人出演，但他得到的，居然是海贝尔夫人认为，安徒生的这部戏中，女主角过于男性化。

安徒生彻底失望，于是要求另行物色女演员，继续按预订计划进行演出。

安徒生不想坐等首场演出那一天的到来，就动身去进行又一次漫长的国外旅行。

逮住童话这只金翅雀

1840 年 10 月 31 日，安徒生离开了丹麦。

柯林一家对安徒生的远行着实松了一口气，因为这一家最小的女儿路易莎即将结婚。而数年前安徒生觉得自己爱上了她，因此路易莎举行婚礼时，他必定会成为愁眉不展的客人。所以，安徒生这一走，对他来说也是个比较好的选择。

这次旅行，安徒生先后去了意大利、希腊和土耳其等国家。安徒生感到希腊比意大利更崇高、更圣洁。那儿的大自然给他留下了深刻而神圣的印象。他仿佛置身于一个巨大的古战场上，在这个战场上国与国之间互相斗争、彼此消灭。每一条干涸的河床，每一座山，每一块石头，都有讲不完的经历。他心潮澎湃，思想丰富得非笔墨所能形容。

安徒生在雅典待了一个月，于 4 月下旬来到了君士坦丁堡。展现在他面前的是地球的另一面。他内心里产生了一片虔诚的感情，就像进欧登塞古老的圣克鲁德教堂所感到的虔诚一样。他想起荷马来，他的诗歌一直在这个世界上回响。

君士坦丁堡像从海上升起的威尼斯，到处是一个比一个壮丽的清真寺。土耳其皇宫里射出的光辉使人头晕目眩。每当晨曦微露，伊斯兰教寺院的尖塔，便呈现出一片迷人的景色。

安徒生在君士坦丁堡待了 11 天，在逗留期间，正好碰上伊斯兰教创始人穆罕默德的生日，目睹了张灯结彩的华丽场面，安徒生就像沉浸在《一千零一夜》的故事讲述的那种梦幻般的环境中一样。

安徒生这次意大利之行和希腊、土耳其之行的感受十分丰富。回到丹麦之后，安徒生以一种独特的风格，把几次旅行中所见所感写了一组童话，按国别分为九章，给它们题了个总题目《诗人的市场》。

安徒生把他第一次看到铁路的印象、他沿海岸航行和在马耳他岛的停留，以及在平静的地中海上度过的辉煌的日日夜夜的诸多感受，都写到童话里去了。这是愉快的情绪中产生的灵感。

《诗人的市场》描写的都是海上、湖上和河上的见闻，在安徒生的游记中是不多见的。这本游记可以看作是关于一个北欧艺术家创作艺术作品的故事，这位艺术家先是逃往南方，后来在东方获得新生，但在回国途中一想到祖国越来越近时便又产生了一丝恐慌，于是，他在后来的自传里这样写道：

> 我们眼前是绵延不断的稀疏树林！清晨的空气感觉又闷又热，并不像地中海和博斯普鲁斯海峡一样阳光灿烂。我似乎在一个沉闷的、温暖的夏天回到了家乡！我的旅程现在结束了，沮丧停留在我的心头，有一种可怕的事情将要来临的征兆！在小小的丹麦，天才们紧挨着站在一起，互相推搡着，因为他们都想获得自己的空间。对我来说，人们看到的仅仅是我的缺点！我的返乡之路是波涛汹涌的大海！我知道，在我到达港口之前，滔天巨浪会向我的头顶砸下来！

不过，当安徒生回到哥本哈根，见到自己的朋友们，他还是感到十分高兴，他发自内心地惊呼道："刚回来这一刹那，是整个旅途中最得意的时刻！"

安徒生喜欢把旅行途中的所见所闻，通过图画传递给朋友。1841年5月29日，安徒生在土耳其旅行途中，给朋友写了一封信，在字迹潦草的文字下面，安徒生随手画了两个舞者。这就是我们看到的有名的钢笔画《两个狂舞的托钵僧》。

1841年8月，安徒生回国以后，就出版了这本书。其中包括《钱猪》《永恒的友谊》《睡魔》《天使》《心上人》《玫瑰仙女》和《荷马墓上的一朵玫瑰》等童话。这本书在读者中广泛流传，并受到丹麦知识界最著名的人物的鼓励和褒奖。书很快又出了几版，他得到了一大笔稿酬。这本书很快被译成德文、瑞典文和英文，一直受到好评。

这部童话集中的《钱猪》别具一格，幽默讽刺意味十分浓厚。婴儿室里的众多玩具中，数那钱猪最了不起。它肚子里装满了钱币，高高地站在橱柜的顶上，地位达到了至高无上的地步。从中可以看出，安徒生对社会上那种拜金主义风气流露出一种十分忧伤的感情。

英国出版家理查德·本利特，把附有安徒生相片的英文版童话3卷集精装本，以及早些时候出版的安徒生作品精装本，送给丹麦国王克里斯蒂安八世，这位国王非常高兴。丹麦国内曾不断有人夸大安徒生的弱点，抹杀人们对他的好印象，挖苦和贬低他的活动，对这种现象，国王感到十分惊异。

奥斯特德把这个消息告诉了安徒生，这令他备受鼓舞。

丹麦的冬天很富有吸引力。在这个季节，安徒生总要在乡间消磨一些时间。他一到乡下都要写一些童话。

当然，安徒生的绝大部分时间是在哥本哈根度过的。他同柯林的已婚子女们处得很好，柯林是他实际生活中的顾问，奥斯特德则是他的文学事业中的顾问，剧院可以说是他的俱乐部，他每天傍晚都要进出于剧院。

就在这一年，安徒生接受了剧院正厅前排的一个座位。这是经历了很长时间才获得的一种待遇。在出版第一部较大作品后，他获得在剧院正厅后座就座，在出版第二部较大作品后，他获得进入演员的座位就座。

在他贡献了7部较大作品后，1841年冬天，安徒生终于获得了这样一个荣誉座位，他坐上爱伦士雷革的邻座了。

爱伦士雷革在丹麦文艺界是个大人物，在整个北欧也是个重要人物。作为丹麦最年长的诗人，他智力过人，天性诚实。他一直同情地注视着安徒生。

记得有一天，爱伦士雷革发觉安徒生遭到尖酸刻薄的指责而心灰意懒时，他把安徒生紧紧地抱在怀里。

“亲爱的，别在意那些家伙的胡言乱语！”爱伦士雷革说，“我告诉你，你是个真正的诗人！”

爱伦士雷革真挚而恳切地正确评价写童话的诗人。安徒生记得有一天别人谈他作品中有拼写错误，企图贬低他，这时爱伦士雷革激动地大声说：“错误就是这些，它们不能代表他的特点，这丝毫不是主要标志。伟大的歌德谈到过的正是这样的小错误：‘让这家伙等着吧！’改都不用改它。”

安徒生新的童话不断问世。1842 年，新的一集童话第三部出版了，其中收了《牧猪人》等四篇讽刺童话。

《牧猪人》讲了一个非常有趣的故事。有个贫寒的王子，他的父亲的坟墓上长了一棵奇怪的玫瑰花，它每年才开一次花，而且每次只开一朵，这朵花具有魔力，不管是谁，只要是闻到花的香味，就能忘记一切不开心的事。

王子还养了一只会唱歌的夜莺，当他心情不好的时候，这只夜莺会给他唱美妙的歌曲。

王子带上自己喜欢的东西向邻国的公主求婚。可是，这个公主不喜欢玫瑰花，也不喜欢夜莺。

于是，王子化装成一个穷人，到邻国当了一个牧猪人。成为牧猪人的王子做了很多公主喜欢的小玩意，但如果公主要得到小玩意的话，必须接受牧猪人的亲吻。

公主只好让牧猪人亲吻自己。后来，国王知道自己的女儿居然和一个牧猪人亲吻，就把公主赶出了王宫。

最后，牧猪人穿上了王子的衣服，对公主说："老老实实的王子你不要，玫瑰和夜莺你不要，为了一个小玩意，竟然和瞧不起的牧猪人接了一百个吻，现在，你终于得到报应了。"

安徒生就是这样用一个童话题材写公主这个侧面，批判了剥削阶级灵魂空虚、精神腐败。

这一年，安徒生还创作了剧本《梨树上的鸟》。爱伦士雷革赞美了这两部作品。

尽管此时还远不是安徒生童话创作的终点，但已出版的这些童话，产生了越来越大的影响。关于他的童话好的舆论传遍了他的祖国，他的成就已得到公认。

安徒生在自传中写道：

> 令人心神振奋的阳光射进了我的心田。我觉得欢欣鼓舞，并且充满了进一步朝着这个方向前进、大大提高本领的强烈愿望，即更加彻底地学习这类作品和更加专心地观察大自然的丰富源泉。

此时的安徒生，他写童话故事的构思越来越明确了，笔锋越来越犀利，语调越来越自然，寓意越来越深刻了。很显然，安徒生已经逮住"童话"这只金翅雀了。

拥有孩子们真挚的爱

1841年3月初，安徒生前往那不勒斯，在那里真的生了病，躺倒了，必须放血。他放弃了去希腊的一切希望，可是突然听说克里斯蒂安国王向他颁发了600元旅行津贴，以使他的行程不致中断。

1841年，在旅行途中，与安徒生一起因为传染病检疫，而被隔离10天的游客，也喜欢上安徒生的作品，借以驱赶孤独和烦闷。

安徒生喜欢剪出他童话里的主人公，如天鹅、舞蹈演员、小丑演员、鹳鸟等。安徒生在普通人家更受欢迎，他们把他的小玩意当作珍品。

安徒生在瑞典的时候，为房东的小孙女儿剪了一个清真寺味道的宫殿，一个贵夫人正打开门走出来。小姑娘拿着安徒生的剪纸奔到院子里，结果四乡八邻都来看这美丽迷幻得如夏日梦境的剪纸，还从小姑娘那里搜走剪纸。因为认为她太小了，会把这精美的作品弄坏。

老祖母捧来一大盘自制的，据说是当地最好的姜汁饼，以此感谢安徒生给她小孙女的礼物，顺便要安徒生剪几个新的饼干花样，因为她的姜汁饼模子还是她奶奶留下的。安徒生给她剪了几个拿手的，有人形风车磨房、穿靴子的胡桃夹子、跳舞踢腿的芭蕾姑娘。

“太好看了，可太难了。我们可怎么做模子？”老奶奶高兴地说。

安徒生在国外旅行中，必定要寻找本国的同胞做伴，外交官、艺术家、作家，以及其他人同他们在一起才能谈话，才感到安心，才觉得习惯。但这并不表示他忽视他所在的当地人的生活。

虽然安徒生的想象力非常丰富，但他却是个现实主义者。他写的那些故事，再三地发表正确的社会主张；他写的游记，出现在他的山水中的那些人物，绝对不是普通的人，他们有自己的生活，他对他们的观察是无微不至的。从马尔马拉海船上那个手拿玩具的土耳其小姑娘，直至那悲伤而高傲的想当一名军官的匈牙利男孩，莫不如此。

安徒生终身未婚，他没有孩子，但他十分喜欢孩子们。他的童话在青少年中拥有最广大的读者。孩子们是他的朋友，他也是孩子们的朋友。

安徒生认识维克多时，这个男孩只有5岁，他是海军准将琚森的小儿子、枢密官柯林的小外甥。维克多也特别喜欢安徒生，安徒生对他也特别亲切。

他常常让维克多坐在自己的膝盖上，亲着他的红润的双颊，望着他的深陷下去的褐色的眼睛。这时，他自己也感到像小孩那样天真活泼了，把早年生活中所有令他沮丧的事儿全忘掉了。

安徒生关心孩子们，孩子们也关心他。安徒生的童话，从各个方面给孩子们以很大影响。

一天早晨，安徒生在哥本哈根收到一个大学生寄来的一封长信。信里面夹着一株干枯了的4片叶子的三叶草。

这个大学生在信中说，这株三叶草是他小时候采来的，那时他听母亲说，安徒生正在遭受很多苦难，他很为安徒生难过。

他想怎样才能帮助他，使他获得好运气呢？他听人家说4片叶子的三叶草可以给人带来幸福。于是，他来到了他家附近的田野里，那儿有很多三叶草，不过他找了好长时间，见到的全是三片叶子的三叶草，但他不死心，最后终于找到了一株4片叶子的三叶草。于是，他小心翼翼地把这株4片叶子的三叶草采回来。

“妈妈，请你把这4片叶子的三叶草直接寄给汉斯·克里斯蒂安·安徒生，”这个孩子对母亲说，“它会给他带来好运，使他幸福。”

这位母亲答应了，把这株三叶草夹在了她的一本圣诗里。但她一时忘了寄出去。好多年以后，这位母亲去世了。这个孩子长大了，考上了大学。

有一天，他要找几样纪念品，他知道母亲常在圣诗里夹些纪念品的，他翻开那本圣诗，突然发现了母亲忘在那里的那株4片叶子的三叶草！

“我刚才又一次读您的童话《冰姑娘》，”这位年轻的大学生在即将结束这封信时说，“就像我儿童时代读您的童话那样高兴。您现在成了大作家，不需要这使人获得好运气的三叶草了，但我仍然把它寄给您，这里有着一个热爱您和您的童话的孩子的一片心意。”

1845年10月，安徒生第三次去德国时，他见到了为他童话作画的奥托·斯佩克特。

一天晚上，斯佩克特陪安徒生上剧院看戏。离演出还有将近一刻钟，斯佩克特领他走到一幢精致的房子前。

“我们必须首先到这家去看一看，亲爱的朋友”，斯佩克特说，“这家人是我的好朋友，也是你童话的朋友，孩子们见到你一定会很高兴的。”

“可是歌剧呢?”安徒生说，“就要开演了。”

“只待两分钟!”斯佩克特说着，就领安徒生进了屋子。一进屋他就嚷开了：“孩子们，你们看我把谁领来了，他就是安徒生!”一群孩子立刻跑过来，把他们两人围在中心。

“给我们讲个故事吧！安徒生!”孩子们高兴地嚷着说。

安徒生讲了一个故事，然后他们两人匆匆赶到剧院去。“这是一次非同寻常的拜访。”

安徒生兴奋地说：“是的，一次精彩的拜访，一次完全超出一般方式的闪电式拜访。”

斯佩克特说：“只要想一想孩子们景仰的安徒生，他突然出现在他们中间，亲自讲了一个故事，又匆匆地离去，消失了！多有趣啊！对孩子们说来这本身就像一个童话，他们会一辈子牢牢记住的!”

有一次，安徒生在德国奥登堡拜访了他的老朋友导演高尔和诗人莫森，看了德国优秀剧作之一《智者内森》的精彩演出。莫森有点像大仲马，生就一副非洲人的容貌，一双棕色的眼睛炯炯有神，身体虽然不好，但精神十分饱满。

在这位诗人家里，安徒生给莫森的小儿子和另外几个小朋友朗诵了他的四五篇童话，其中有《坚定的锡兵》。莫森的小儿子听得特别诚挚、激动。听完童话后，他问爸爸："安徒生在家里也是这样给他的孩子朗诵童话吗?"

"不，"莫森先生回答儿子说，"安徒生是一个单身汉，他几乎没有自己的家。"

"那么，他不是很寂寞吗，爸爸?"

"是的，我想是寂寞的。"莫森说。

第二天，安徒生要离开他的朋友家向朋友告别时，孩子的母亲说，他们的小儿子欢迎安徒生再来，小家伙还说，也许要很久才能再见到他，说话间，小家伙"哇"的一声哭了。

那天晚上，安徒生在剧院看戏，莫森也去了。他还带了一个穿土耳其军装的锡兵，亲手交给了安徒生。

"我的小埃里克有两个锡兵，"莫森说，"其中一个他让我作为礼物转给你。他说，带着它，你在旅途中就不会感到寂寞了。小家伙挺害羞的，不好意思直接送给你。"

"你的小儿子只有两个锡兵呀!"安徒生接受这孩子的礼物时非常激动，"其中一个就给了我！请转告他，我非常感谢他。我会一辈子保存和爱护这个礼物，随身带着这个小锡兵。我一看到它，就会想起小埃里克的盛情。"

安徒生的确这样做了。这个锡兵一直忠实地陪伴着他，它是一个淘气的家伙。安徒生在旅途中拿出这个小家伙给许许多多人看过。这小家伙跟安徒生一起游历了好多好多的地方。

安徒生不迷信，但他时来运转之后，年轻的朋友们都觉得他到哪儿都能带来好运气，他也拿这话跟朋友们开玩笑。安徒生到哪儿都会产生一种和谐、愉快的气氛。

一年春天，安徒生收到一位朋友从乡下写来的一封长信。邀请他到他们那里去待一些时间。

“我的几个孩子那么久没见到你了，”写信的人说，“这些日子，他们的心情特别不好。他们焦急地等着鹳鸟到这儿来，已经等了几个礼拜了。我也希望它快来，但有什么办法呢？你快来吧！也许你能帮帮我们。”

“我的确能帮你们的忙，”安徒生回信说，他很了解鹳鸟的习性，知道这种候鸟飞回来的日子应该到了，“我就到你们那儿去，请告诉孩子们，鹳鸟也跟着我回来的。请等着瞧吧！”

安徒生到他们那儿之后，没几个小时，就有几只美丽的鹳鸟飞到他朋友的屋顶上来了，找了个地方，认认真真地筑起巢来。

“我说得对吧！”安徒生在孩子们中间是那么高兴，他用非常认真的口吻说，“我最喜欢鹳鸟了，他们也喜欢我，听我的话，现在，听我给你们讲鹳鸟的故事吧！”

于是，安徒生生动地给他们讲起有关鹳鸟的童话来。他边讲，边拿出剪刀和纸片，把鹳鸟的形象剪下来，他的剪纸也跟童话一样传神和有趣。

在哥本哈根，几乎所有的孩子都认识安徒生。他只要步行或坐马车走在街上，他就像国王那样引人注目。站在远处的孩子会说：“看，那是安徒生！”在跟前的勇敢一点的孩子还上前去跟他打招呼握手。

有一天，安徒生从一个女人身边走过去，这女人抱着两个孩子，其中一个红红脸膛的蓝眼睛孩子，突然从母亲抱着他的手上挣脱下来，直接跑到安徒生跟前。

“您好！”他边喊，边伸出小手，紧紧握住安徒生的手。

孩子的母亲立刻叫住孩子，说他冒犯一个陌生人，太没有礼貌了。

“他不是陌生人，妈妈，”孩子说，“他是我们的朋友安徒生。我们孩子们都认识他。”

安徒生弯下腰，跟孩子说话，并向孩子的母亲解释说，这孩子非常乖，不仅没有冒犯他，而且叫他感到非常的荣幸和自豪。

和格林兄弟的友谊

安徒生成长于一个巨人的时代。在他多次出国旅行中，拜访过海涅、雨果、巴尔扎克、大仲马、小仲马、狄更斯、门德尔松以及格林兄弟等文学艺术大师，并与其中几位成为挚友。

安徒生和德国著名童话作家格林兄弟的相识，也有一段有意思的经历，安徒生经常讲给自己的朋友们听。

那是安徒生在1833年第二次去德国的事了，当时安徒生在德国并不是特别出名，而格林兄弟的《格林童话》却已经俘获了世界上很多小朋友的心。

那时，安徒生已经读过格林兄弟的作品，觉得他们的童话很有趣，想要与他们交流交流。可是，因为安徒生没有带介绍信，他以为，格林兄弟应该听说过自己的，抱着这样的想法，安徒生去了格林家。

格林家的管家为他开了门，管家说："先生，请问您找谁？"

安徒生回答："请问格林兄弟住在这里吗？"

"是的！"

"那么，麻烦您帮我通报一下好吗？"

管家说："可是，在家的这位是雅各布·格林，请问您是找他吗？"

安徒生也不知道自己到底想要找哪位格林，就问："嗯，那位写作最多的先生是他吗？"

"是的！"管家把安徒生带到了客厅。

雅各布·格林是格林兄弟中的哥哥，他长着一双深沉的蓝眼睛，一头灰白的头发。他机警而沉着地看着安徒生，不明白这个人为什么要见自己。

安徒生不安地说："请原谅我的冒昧，我没有带介绍信，但我想，您应该是听说过我的。"

格林先生问："哦，说说吧，你叫什么？从哪里来？"

"我是汉斯·克里斯蒂安·安徒生，从丹麦来。"

"安徒生？"格林默默地念着名字，想了想说："安徒生？噢，我们以前见过面吗？我怎么一点印象也没有呢？您是做什么的呢？"

"我写诗，也写剧本，小说，还写童话。"安徒生说着介绍了一些自己的几篇作品。

格林听完，依然很茫然，他无奈地向安徒生摇摇头说："这样吧！你再想想你的近期作品。"

"最近，丹麦刚出版了一部奉献给您的各民族的《童话集》，其中有一篇是我写的。"安徒生想了想回答。

"民族《童话集》？安徒生？真的吗？让我想想。"

格林想了一会儿，仍然难为情地说："不好意思，你说的《童话集》，我还没有来得及读呢，不过还是很高兴认识你，但愿下一次我们能够成为朋友。"

格林和安徒生握握手，结束了这次谈话。

安徒生感到失落极了，于是匆匆地离开了。

可是不久以后，雅各布·格林就专程去哥本哈根拜访了安徒生。

那天，格林先生刚下了马车就风尘仆仆地赶到安徒生那里，一见到安徒生就亲热地抓住他的手，并急忙解释上次的误会："安徒生先生，请你原谅，上次没有想起你是因为我当时正在收集一些传记的材料，所以……为了表示我的诚意，我这次一到哥本哈根就来看望你了，你可一定要原谅我哦！"

安徒生真是太高兴了，他激动地握住格林的手说："哪里的话，上次是因为我太冒昧了！"

误会解除了，两人正想谈一谈有关童话的问题时，仆人跑进来告诉安徒生，马车已经备好了，原来，这一天是安徒生想要到乡下旅行的日子。

安徒生只好恋恋不舍地和格林握手道别，出了门，上了马车。

安徒生在马车上看着格林逐渐变小的身影，在心里默默地说："大家都是写童话的同行，这次见面就这样分开，真是遗憾，下次去柏林的时候，我一定要再次去拜访。"

这个愿望在安徒生第三次去柏林的时候总算实现了。

这天晚上，安徒生正在一位伯爵家朗诵他的一篇童话故事的草稿，在场的人士中，有一位留着卷短发的听众听得格外认真。

听完安徒生的朗诵，这位先生走到安徒生身边，说："您好！安徒生先生，您的童话很有特色，当我听完你讲的童话之后，我有一种看到万里无云的夜空一样的感觉。不但草木禽兽，就连那玩具箱里的木偶，也都活生生地活在每一个听故事的人的心中。"

安徒生乐滋滋地听着评价，心想："这位懂我童话的人到底是谁呢?"

那位听众接着说："我们兄弟的童话本来是获得了很多小朋友的喜欢的，可是，安徒生先生呢？他获得的不仅是小朋友的喜欢，还包括很多大人。我们兄弟怎么也想不通为什么这位安徒生先生的作品会得到那么多人的喜爱呢？今天听他朗诵的草稿，都这么有特色，我觉得，这真是一种天生的本领。安徒生先生的童话，是上帝专门为他恩赐的。"

听到这样的话，安徒生实在感动，便问："先生，请问您是?"

那人笑着回答："我是雅各布·格林的弟弟威廉·格林!"

威廉·格林高兴地对握住安徒生的手说："如果上次你去我家时，是我见到你的话，我一定能够认出你，当时我是刚刚拜读了你的作品的。"

安徒生说："谢谢您，其实我并没有在意这件事。"

威廉·格林诚恳地说："希望我们能成为好朋友!"

"当然，我也是这样想的。"

他们的双手紧紧地握在了一起。

于是，在这一次的柏林之旅中，安徒生几乎天天都去格林家探讨童话，他觉得，格林兄弟对人热情、亲切，也很有才华，能够赢得这两位杰出人物的友情，安徒生感到快乐极了。

此后，他们三人成了肝胆相照的好朋友，大家经常书信联络讨论种种有关童话的问题。

于是，在孩子们的童话世界里，有了三位优秀作家的联合，孩子们得到了更多美好的精神食粮。

迎来创作的大丰收

在安徒生的生活中，除了爱写作，他最喜欢的事，还有旅行和结交朋友。在旅行时，能给他带来写作的灵感，让他受益匪浅。

1845年10月，在安徒生动身第三次去德国前，他先回了趟自己的故乡。

可是，少年时代的安徒生本来就不擅长结交朋友，在故乡，他根本就没有几个能说得来的人。而且此时，他的父母都已经不在了，安徒生在故乡感到特别孤独。

一天，他走到大街，一位和他年纪相仿的女士微笑着向他走来。安徒生定神一看，发现这位女士居然是他大学时的同乡校友亨利艾迪·洪克。

洪克小姐现在也是丹麦知名的女作家，她除了已经发表过的诗集《安娜嫂嫂》之外，还发表过两三本畅销小说。

洪克小姐正想发表一篇新的作品，她见到安徒生和他谈了一些学生时代的往事之后，接着对安徒生说："请你帮我的新书写个序怎么样?"

"好啊！反正近来我没有写新的作品。"安徒生一口答应了下来。

不久，洪克小姐的新书就到了要出版的阶段，出版商为她的新书设计了三个有趣的封面，她把几个封面寄给已经去柏林旅行的安徒生征求意见。

在这几个封面里，有一个手中拿着一束火柴的穷苦小女孩的图画，安徒生突然想起自己母亲的童年时代，想起母亲还是个小女孩时，在外边乞讨、生活的情景。在安徒生小时候，母亲给他讲："妈妈那时才几岁，我没有办法从任何人那里讨到一点东西，只好在一座桥底下坐下来。我感到饿极了，就把手伸到水里去，沾了几滴水滴到舌头上。因为我相信这多少可以止住饥饿。最后我终于睡过去了，一直睡到下午。睡觉可以让我忘记饥饿。”

回忆起母亲的点点滴滴，安徒生泪流满面，突然，他的心中有了新的灵感，立即动手写了出来。这就是后来非常有名的《卖火柴的小女孩》。

安徒生写完这篇文章的草稿，为洪克小姐选好封面，寄出信后，立即拿着自己的草稿去了格林家。

格林兄弟读完草稿，哥哥雅各布·格林真诚地称赞道：“真是太感人了，安徒生，你怎么能写出这么感人的作品呢？我敢大胆地预言，这部作品会是你的传世之作。”

雅各布·格林的预言在1846年《卖火柴的小女孩》出版之后得到了证实。这部作品既真实地描绘了穷苦人的悲惨生活，又渗透着浪漫主义的情调和幻想，这部作品的出版再一次向大家证明了他是一个优秀的童话大师。

随着《卖火柴的小女孩》的出版，安徒生在这一年还迎来了创作的丰产阶段。1846年，他又先后出版了自传《我一生童话》的第一版本，《新的童话》第二、第三集，抒情诗《小吉尔士敦》等作品。其中，《新的童话》第二集收录着《枞树》《白雪皇后》两篇童话，第三集有《红鞋》《牧羊女和扫烟囱的人》《丹麦人荷尔格》等五篇童话。

这些作品一上市，就被很快卖空，接着，这个些书又被重复印刷一次又一次。看到读者对自己童话如此喜爱，安徒生感到幸福极了。这些极大地激发了他的写作激情。

深受丹麦国王的礼遇

一天，安徒生收到丹麦首相蓝才和·白拉汀布伯爵的来信，邀请安徒生去皇宫里为国王和王后讲童话故事，安徒生感到无限的光荣。

事实上，自从安徒生有了写作名气之后，不少国王早把他奉为皇宫上宾。在安徒生的一生中，他见到过4位丹麦国王。1839年至1848年间在位10年的丹麦国王克里斯蒂安八世，对安徒生很好。克里斯蒂安八世明白，安徒生的作品在德国、法国、英国、美国这样一些大国，还有好多小国大量出版，使丹麦在国外的形象高大了起来。

几个国家的出版商，还把他们出版的安徒生作品精装本献给他，并在给他的献词中说：

丹麦是一个伟大的国家，产生了像安徒生这样的天才，多不简单啊！

克里斯蒂安八世还是一个诗人，懂得文学艺术，因此就更加称道安徒生所获得的世界范围的文学声誉。这位国王破例第一次到皇家剧院，看安徒生的《黑白混血儿》的演出。当时安徒生坐在著名雕塑家多瓦尔生旁边。

“国王在向你点头致意呢！”多瓦尔生说。

“那准是对你点头的！”安徒生说，“那与我无关！”安徒生也感到国王是对自己点头的，但他怕误解了而引起观众的嘲笑，于是没有回应国王的点头。

第二天，安徒生去向国王致谢。国王笑他没有当场回答他的祝贺。

安徒生曾经接受普鲁士公主送的一本漂亮的纪念册，其中有几条有趣的亲笔题词。克里斯蒂安八世和王后拿过去浏览了一番，在他的纪念册领回之前，国王亲笔写下了一个题词：

靠充分发挥的才能获得光荣的地位，比恩宠和礼品更好。记住这些话吧！

你的亲爱的克里斯蒂安

1844年9月5日，是安徒生从欧登塞乘邮车到哥本哈根25周年纪念日。这天，国王和王后邀请他出席王室的一个宴会。在宴会上，过去生活在安徒生的脑海里一幕幕闪过，他强忍着使自己没有激动得哭出声来。

饭后，国王和王后十分和蔼地祝他一如既往地得到幸福。并问起他刚步入社会时的情况，他讲了些具体事例。谈话中，国王问起他有没有固定的收入。安徒生讲了收入的钱数。

“收入不多啊！”国王说。

“但我不需要很多钱，”安徒生回答，“我写的作品还有些收入。”

国王又仁慈地进一步问了他的情况。“无论什么情况下，”国王说，“假如我对你的文学工作能有所帮助的话，你就来找我吧！”

在那天晚上的音乐会上，国王又提起了这件事。一位站在国王身边的绅士听见了国王的话。“你看，”这位绅士说，“国王都把实话送到你嘴边上了。”

“可是我不能也不愿意那样做，”安徒生告诉那位绅士，“如果国王发觉我还需要些什么，他自己会情愿给我的。”

安徒生没有说错。第二年，国王克里斯蒂安八世出于善良的愿望，给安徒生增加了年薪。他通过这笔款项和他的写作收入，就能够体面地、无忧无虑地过生活了。

国王和王后在福尔岛度假时，好几个晚上，安徒生应邀给国王和王后朗读他的一些童话故事。《夜莺》和《牧猪人》似乎最令国王高兴，因而他重复朗读了两三遍。

当安徒生向国王和王后辞行时，国王再次仁慈地对他表现了高尚的同情。王后还送给安徒生一只贵重的戒指作为纪念。

1848 年 1 月上旬，克里斯蒂安八世邀请安徒生出席一个茶会，并让他带点什么作品朗读给他听。茶会上还有王后和一个朝臣。

安徒生受到了热情的接待，他朗读了他的未完成的小说《两个男爵夫人》和两三篇童话。国王很受鼓舞，轻松活泼地同他谈话。告别时，国王慈祥地对他点头，并说："我们很快会再见面的。"但是，此时国王已经病得很重了，1 月 20 日就离开了人世。

斐特烈七世继承了父亲的王位。新的国王性格快乐、善良，他从来不认为到农民家里，在他们的板铺上坐坐会有失国王的身份。他亲近人民。他同他父亲一样对安徒生很友善。

安徒生曾应邀赴宴，和国王一同坐在一张桌子旁，或者乘王宫的船在城堡旁的水域游览，和国王一起度过了许多愉快的傍晚。

斐特烈七世喜欢听不太悲哀，然而情节离奇的故事。因为他曾在瑞士度过一段愉快的时光，《冰姑娘》是他最爱听的故事，安徒生一连好几天给他读《冰姑娘》，他听得津津有味，并且把一只刻有他姓名和题词的精美的小金盒子送给安徒生，上面的题词是：

我的好安徒生：

为了你在傍晚给我读的那些出色的故事，我愉快地向你表示感谢。我只能说，我的国家和国王拥有像你这样的诗人，是值得庆贺的。

祝你好运的斐特烈

受到多国国王的青睐

1851 年，安徒生来到德国慕尼黑，这里的皇家剧院的事业繁荣昌盛。

诗人丁格尔斯德特是慕尼黑皇家剧院的最能干的管理人之一。有一天，他给安徒生写了一封颇有礼貌的信，信中谈到他希望搞到关于丹麦文剧目知识的情报，还谈到巴伐利亚当朝国王对安徒生作品的了解以及他对安徒生的极大兴趣。

丁格尔斯德特请安徒生去看戏，并且把安徒生的来访告诉了马克斯国王。

第二天，马克斯国王邀请安徒生在他的施塔恩贝格狩猎场出席国王举行的宴会。国王派他的私人顾问冯·唐尼格接安徒生。

安徒生受到了国王极其友好的款待。国王对安徒生说，他的作品，特别是《即兴诗人》《诗人的市场》《小人鱼》《天国花园》《海的女儿》等，给他留下了深刻的印象。

1854 年，安徒生再次来到慕尼黑，马克斯国王和王后邀请安徒生到霍恩施万高城堡赴宴，马克斯国王和王后正在那儿消夏。

在阿尔卑斯山与莱茵河之间，有一个开放的富饶的溪谷，两端都有一个清澈的绿色湖泊，其中一个比另一个地势高些。霍恩施万高城堡就屹立在这儿的大理石巉岩上。这儿从前是施万斯泰国城堡的所在地，德国的几个皇族做过它的主人，城堡的壁画中依然保留着对他们业绩的描绘。

马克斯国王在做太子的时候，就全面修复了城堡，把它作为国宾馆。

莱茵河山上的城堡，没有一个能够与霍恩施万高城堡媲美，没有一个有这么好的环境，拥有宽阔的山谷和白雪皑皑的阿尔卑斯山。

城堡前庄严地直立着高高的拱门，门口站着两个威武的塑像，戴着巴伐利亚和霍恩施万高城堡的纹章：一颗钻石和一只天鹅。在城堡的庭院里，用圣像装饰起来的喷泉从墙上射出来，户外有3棵巨大的菩提树投下阴影。

在花园里草地上的群芳之中，盛开着最美丽的玫瑰花。那喷泉使人想起古西班牙穆尔族诸王的阿尔汉布拉宫的狮子泉。那冰冷的喷泉喷向空中达40英尺之高。

国王的医生，和蔼的枢密顾问官吉特，领着安徒生首先经过一个陈列着古代盔甲和梭镖的展室，那里看上去就像立着一个个活生生的骑士。一系列色彩缤纷的大厅都开放了，大厅的各式各样的壁画和窗玻璃，叙述着各种传说和历史，每一堵墙都像是一本完整的书，述说着那久远的时代和人们的事迹。

安徒生用德文，在一本来宾签名簿上写下了这样一句发自内心的话："霍恩施万高城堡是我在这里的群山中所见到的最美丽的阿尔卑斯山的一朵玫瑰花。愿它永远是这里的幸福之花。"

在这里，安徒生受到了马克斯国王和王后的热情友好的招待。安徒生和国王谈到最新的斯堪的纳维亚文学，他提到诺曼底民族工程师和建筑师德考斯、美国工程师和发明家富尔顿和丹麦天文学家布雷厄等人，谈到当代的诗歌艺术如何促使他们那一代人前进。

"这位高贵国王的全部言谈中，闪烁着天才、同情和虔诚。这一直是我在这儿度过的最难忘的时辰之一。"安徒生写道。

晚上，安徒生向国王和王后高声朗读了《柳树下的梦》和《没有怀疑》两篇童话故事。他还登上了最近的一座山，观赏了那儿的壮丽、迷人的景色。

王后还要求安徒生在她的题词簿上写了几句话，他发觉，在她的题词簿上题词的有许多是皇帝和国王，而王后居然让自己在这样的题词簿上题词，真是让他受宠若惊。

光阴过得很快，他离别国王和王后时，随身带了一大束阿尔卑斯山的玫瑰花和勿忘我回去。

安徒生在瑞典旅游时，奥斯卡一世和查尔斯十五世都在他们的王宫亲切地接待了他。1849 年，贝斯科陪同安徒生去拜谒奥斯卡一世。

奥斯卡是 1844 年至 1859 年在位的瑞典和挪威的国王。他和安徒生虽然是初次会面，但却像互相交谈过多次的老相识。这位国王对丹麦十分友好。他说，无论大事小事，坚持正义是丹麦民族固有的性格。

国王说他读过安徒生写的关于瑞典人在费恩岛停留的作品，这些作品给他留下了深刻的印象。国王请安徒生在游览斯德哥尔摩北面的城市乌普萨拉之后，回来同他共同进餐。

“知道吗？安徒生，王后，我的妻子也知道你的作品，并且想在非公众场合与你认识一下。”国王补充说。

回来后，安徒生出席了皇宫的宴会。王后很热情地欢迎安徒生说，她早已从他的《我的一生的经历》和其他一些作品里知道了他。席间，安徒生在贝科斯的身旁，在皇后的对面就座。古斯塔夫王子愉快地和他谈话。

宴会后，安徒生给他们读了他的童话《亚麻》《丑小鸭》《母亲的故事》和《假领子》。

安徒生第二次访问皇宫时，还是贝科斯陪同他。安徒生在饭前一小时，被领到王后的寓所。尤金妮娅公主、王储、古斯塔夫王子和奥古斯塔王子都在那里。一会儿国王也来了。

一见面，国王就热情而风趣地说：“诗歌把我从百忙中唤来了！”

这一次，安徒生为国王、王后、王子和公主们读了《枞树》《补衣针》《卖火柴的小女孩》等童话。之后，在大家的要求下，安徒生又读了《亚麻》。这期间，每个人都听得很专注，当然也包括高高在上的国王。

“我很喜欢这些小故事里的深奥的诗。”国王这样表示他特别喜欢这些童话的深刻寓意。他说他过去去挪威途中，就读了这些童话。

三位王子十分热情，他们紧紧地握着安徒生的手。国王邀他在 7 月 4

日国王生日那天前来赴宴。

安徒生从皇宫出来，前面林荫道上一大群孩子拿着一个大花环迎接他。他们向他撒鲜花，并把他包围起来。这时，许多人集合在附近脱帽向他致敬。

奥斯卡国王生日那天，安徒生承邀赴宴。国王、王后和各位王子都对他十分亲切。安徒生告别时，感动得像离开自己的亲人似的。

那还是在1846年，安徒生到德国柏林旅游。在那里，他受到了普鲁士国王弗里德里克·威廉和王后的盛情款待。这位国王说，他在哥本哈根访问期间曾询问过他的情况，他对安徒生的作品《孤独的旅行者》极感兴趣。

王后也和蔼可亲地对安徒生表示好感。王后还邀请他到波兹坦宫赴宴。赴宴时，安徒生被指定与国王、王后同席，王后说那正好是爱伦士雷革朗诵他的悲剧《黛娜》所坐的席位。安徒生朗诵了《枞树》《丑小鸭》《陀螺与球》以及《牧猪人》。

国王津津有味地倾听着，并不时地饶有风趣地对主题发表他个人的意见。

国王说，他认为丹麦的自然风光非常美丽，他还观看了霍尔伯格的一出喜剧的演出，说那戏演得十分精彩。

在安徒生离开柏林的前夕，普鲁士国王弗雷德里克·威廉授予他三级红鹰勋章，这是外国君主授予他的第一枚勋章。

“我坦白地承认，我感到荣幸得无以复加。”安徒生后来在自传中写道，“我深知它里面饱含着高贵、开明的国王对我的感情，这使我心中充满了感激。恰好是在 1 月 6 日，我的恩人柯林的生日那天，我接受了这个荣誉的标志。如今这个日子对我具有双重喜庆的意义。愿上帝赐福给这位高贵的想使我快乐的授予者吧！”

此后不久，丹麦国王克里斯蒂安八世授予他以丹涅勃隆格骑士勋章。接着，瑞典和挪威国王奥斯卡一世，授予安徒生以北极星勋章。

1866 年墨西哥皇帝授予安徒生以圣母玛利亚及瓜德罗普勋章。

创作反映现实的新童话

1857年，安徒生出版了长篇小说《活下去还是不活》。“种种矛盾折磨着我们，我们看到生活资料的分配如此不公平，我们目睹天才遭到毁灭，凶残、愚昧和恶习取得胜利！”小说女主人公爱丝杰这样说道。

种种社会矛盾得不到解决，这使得安徒生感到十分苦闷。安徒生让男主人公尼里斯·勃留德去探索解决问题的办法。勃留德抛弃他父亲——一个牧师向他灌输的宗教信仰，像他心目中的英雄浮士德那样进行痛苦的人生探索。

他坚决主张，不要埋怨过去没有出现奇迹，可是要期待将来出现奇迹，科学之神一定会建立一座新的阿拉丁的宫殿。但他在当时还预见不到，社会发展的合乎科学的奇迹是什么。

在小说的末尾，安徒生想象出一种革新的、温柔的基督教，把奇迹的出现寄托在他设想的天国里。但是，一涉及严酷的现实生活，这种天国的幸福却成了一种虚无缥缈的东西。

安徒生于1859年出版《新的童话》第三集，其中有一篇《沙丘的故事》，故事的主人公叫雨尔根。

安徒生曾与爱伦士雷革的一次谈话中说过：“有多少人注定在暗无天日的贫困和痛苦中度过他们的一生！他们怎么可以不相信，会有好的生活在天国等着他们呢?”能够到天国去倒也不失为一种奖赏。但天国只是受苦受难者的一种精神寄托而已。

《沙丘的故事》中的雨尔根真的到天国去了吗？作品流露出深深的怀疑。“连着不灭的灵魂的那根线现在断了：这个阴暗的教堂里现在只有一具死尸，风暴在它的周围呼啸，用散沙把它掩住。”故事明明告诉我们，雨尔根并没有到天国去。

1859年，哥本哈根成立了以文化启蒙为宗旨的“工人协会”。在愚昧的工人和下层人民中进行文化启蒙才是重要的。在作家中，安徒生第一个表示愿意为这一协会效力。

安徒生在一个大厅里，向工人和手艺人发表了热情洋溢的讲话。听众挤满了大厅，聚精会神地听这位出身于他们这个阶层的著名作家讲文化启蒙活动，感到十分亲切。

安徒生的话是那么清晰、深沉、充满活力。他还给他们朗诵了他的几篇童话，语调虽然质朴，但极富感情色彩，激起工人和手艺人的共鸣。即使多次听过或看过这些童话的人，经他在这种场合中一朗诵，也有新鲜感觉和体会。

安徒生不仅在欧洲有着巨大的影响，他的作品在美国也拥有大量的读者。他经常接到美国的羡慕者与崇拜者的来信，他们邀请他到美国去访问，表示要给他以空前盛大的欢迎。他过去去过的国家，离丹麦都不怎么远。到英国去要渡海，但也只是穿过一条海峡而已。但去美国，要横渡大西洋。

安徒生给一位美国朋友写信说：横在他们之间的大洋太大了，坐最快的轮船从英格兰到纽约，最少要走两个礼拜，就是说，要在海上颠簸两个星期，而他又有晕船的毛病。因此，尽管他十分爱海洋，也只能望洋兴叹了。

安徒生的最好的朋友之一的伍尔芙，

就是在1858年的一次轮船失事中葬身海洋的。他很怀念这位朋友，他不敢冒险横渡大西洋。

1860年，安徒生再次去德国和罗马旅行。次年，他出版了《新故事集》第五集和第六集。第五集中有《老头子做事总不会错》《新世界的女神》等五篇童话故事；第六集中有《冰姑娘》《蝴蝶》等四篇童话故事。

在《新世界的女神》中，安徒生寄希望于未来的人们，希望他们理智地、公平地安排人世间的生活。他希望在机器的隆隆声中，在火车的汽笛声中，在人的理智所控制的自然力中，将会诞生一位新世纪的美丽女神。

1861年，安徒生到日内瓦、里昂、罗马旅行。次年发表了童话《古教堂的钟声》，并到西班牙旅行。

1863年，安徒生由西班牙到巴黎旅行，之后创作了游记《在西班牙》。

1864年是丹麦人民灾难深重的一年。丹麦政府对什列斯维希和霍尔斯坦两个公国采取的沙文主义政策，被普鲁士首相俾斯麦所利用。普鲁士军队向丹麦进攻，占领了两个公国。两个公国闹独立，结果引狼入室。普鲁士占领它们之后，把它们变成了普鲁士的两个省，对它们的限制比丹麦宪法更严了。

安徒生的心情十分沉重，他脑海里浮现出战争中的种种惨象，很长时间无心写作。

战争的乌云过去，和平终于来临。但安徒生感到一种莫名的疲劳。死神带走了他多少亲爱的朋友啊！文质彬彬的凯莉·爱达、伊艾达，那么了解他的奥斯特德，那么爱他的老人家柯林，他们都与世长辞了。他自己也感到老之将至，感到死神总在窥视他。

但是，安徒生没有退却。生活在于斗争，要用创造性劳动和衰老斗，和死神斗。安徒生又有了创作的激情，童话故事又在叩他的门了。这一年，他发表了剧本《彼非凡人》和两篇童话《茶壶》和《民歌的鸟儿》。

安徒生还是要去旅行。旅行中总要遇到一些好的、有趣的事情，激起旺盛的创作欲望。尽管许多老朋友去世了，但他们的儿孙又成长起来了，黑眼睛的约妮、小约纳斯·柯林又成了他的知心小朋友。他还有许多少年朋友，他们聚精会神地、兴致勃勃地听他讲童话故事，讲往事。生活仍然是那么美好！

旅行是一种多么好的生活啊！1865 年，安徒生再次到瑞典旅游，回来后，在圣诞节出版了《新故事集》第七集，其中有《一块银毫》《在小宝宝的房间里》等 7 篇童话。

1866 年，安徒生到荷兰、巴黎、里斯本等地旅游，这一年的圣诞节出版了《新的故事》第八集，其中有《姑妈》《癞蛤蟆》等 6 篇童话。

成为欧登塞荣誉市民

1867 年 1 月的一个晚上，安徒生应邀在哥本哈根大学生联合会组织的一个盛大晚会上，热情地朗诵了他的几篇童话故事。给这么多大学生朗诵童话故事，在安徒生的生平里还是第一次。

会上，著名的霍特教授还朗诵了安徒生的童话《蝴蝶》和《幸福的家庭》。大学生们对他们的朗诵报以长时间的热烈鼓掌，他们为安徒生童话的精雕细刻、幽默风趣和充满戏剧性所折服。

同年 4 月，安徒生经德国去法国巴黎，莅临那儿举办的他的生平著作展览。为了这次展览，巴黎专门建造了一座带花园、运河、喷泉的展览馆。在展览馆开放的日子里，每天参观的群众络绎不绝。

安徒生在这里再一次会见了希腊国王乔治，这位过去听过安徒生为他朗诵童话的国王，兴致勃勃地参观了这次展览。

安徒生回到哥本哈根后，完成了童话《树精》的写作。这一年，他还发表了童话《两个海岛》。

9 月，罗伯特·华特要去参观展览，安徒生在他的陪同下再一次莅临巴黎。他见到展览馆里观众送来的无数的鲜花，他激动得流下了眼泪。

安徒生在巴黎时听到，他出生的城市欧登塞，有一件他一生中最重要的事情正在酝酿之中。他回到了哥本哈根。

11 月 24 日傍晚，欧登塞市政管理委员会派专人给安徒生送来了一份十分庄重的请帖，上面写道：

我们在此荣幸地通知阁下，我们选举阁下为阁下出生城市的荣誉市民。请允许我们邀请阁下于 12 月 6 日，星期五，在欧登塞和我们聚会。届时我们希望把荣誉市民证书亲手交予阁下。

第二天早晨，安徒生写信回复说：

昨天傍晚，我接到了尊敬的市政管理委员会的通知，请速转达我的深切感谢。我出生的城市是通过你们，尊敬的先生们，给我的这种承认，这种荣誉，是我从来都不敢梦想的。

我，一个穷苦的孩子，离开我出生的城市，已经48年了。我现在像一个丢失的孩子回到父亲的家园，心里充满着幸福。我的这种感受，你们都能理解。那是一点也不夸张的：我要感谢上帝给我安排那么多的磨炼和那么多的幸福。请接受我的衷心感谢。

我愉快地期望着在约定的一天，12月6日，会见我所热爱的出生城市的高尚的朋友们。

感谢和尊敬你们的汉·斯·安徒生

要授予安徒生欧登塞市荣誉市民称号的消息，很快传遍了欧登塞全市。这不仅是安徒生一生中的最大事件，也是欧登塞市的一件空前的事情。是的，曾经授予住在这儿附近一个古堡里的一位王子荣誉市民称号，但那是王子，而且再没有任何王子获得这种殊荣。

他曾经是一个穷孩子，一个皮鞋匠和洗衣妇的儿子。然而，今天，他获得了这个在欧登塞，在整个丹麦都没有先例的殊荣。但是，安徒生的作品，特别是他的童话，在欧登塞，在全丹麦已经是家喻户晓、妇孺皆知了，人人都爱读。从他的作品中，不仅孩子们，而且大人们也都得到了教益。

而且，安徒生不仅在丹麦，在国外影响都很大。他为丹麦争得了巨大的荣誉！作为他出生地的欧登塞人民，该是多么自豪啊！

此外，不仅丹麦国王，而且还有外国国王，都纷纷授予安徒生以勋章。没有一个丹麦作家能获得他这么多的殊荣。授予安徒生以欧登塞荣誉市民称号，是顺乎民心的事啊！市政管理委员会代表市民的愿望，做出了一个英明的决定！市民们奔走相告，欢喜异常。

庆祝的筹备工作是煞费苦心的。时任欧登塞市长的莫里尔，任命了几个委员会进行精心的筹备。如果说，安徒生不知道他出生的城市那么为他感到自豪的，那么，这次无论如何要让他亲自体验一下他所受到的极大的尊敬，所获得的极大的荣誉。

1867 年 12 月 4 日中午，从哥本哈根发出的火车，载着安徒生徐徐驶入欧登塞车站。负责到车站迎接安徒生的主教恩格尔斯托弗，早已在月台上等候。安徒生步态稳重地走下车厢，看到主教和那么多朋友盛情迎接，他的心情十分激动，容光焕发。

此时，安徒生的牙痛病又犯了。他的脸上闪过一丝丝愁苦。主教看到眼里，以为他有别的事在发愁，便热情地告诉他，庆祝的那一天，儿童们要组成歌舞队作精彩表演，还有火炬游行，那将是空前壮观的。

“现在全欧登塞市，人人都在谈论你，”乘豪华马车去宾馆的路上，主教说，“后天，家家门前要悬挂国旗和彩旗，装点青枝绿叶和彩带，民众要按民族传统习惯欢呼：‘好哇！安徒生，我们的民族诗人！’每次连呼 3 声。我简直说不清，人们将为你写多少颂诗，谱多少曲子，准备多么深情的祝词。学校将放假一天，让孩子们过一个美好的节日。商店停业一天，让营业员能参加全民的庆祝。亲爱的安徒生，你还有什么值得发愁的呢？”

安徒生强打精神，笑了笑，但牙痛得几乎要掉眼泪了。他紧紧地握着主教的手说：“我的牙痛病犯了，痛得要命，真不好意思。昨天晚上，我正准备行装时，牙就痛起来了。一夜没有合眼，痛得厉害。亲爱的主教大人，那样隆重欢迎我，我怎么消受得了？我太激动了。我简直没有勇气面对那种场面。太不好意思了！”

安徒生来到宾馆。宾馆为迎接他作了精心布置，给他宾至如归的亲切感觉。两间漂亮的房子专供他使用，窗外几棵不太高的青松亭亭玉立，给安徒生一种清静、平和的感觉。室内光线柔和，每一件用具都似乎在说："欢迎光临！"虽然冬天已来临，外面刮着风，但是室内却给安徒生一种温暖如春的感觉。

6日清晨，安徒生起床后，推开窗子，往下看那街道，家家户户悬挂的旗帜，在微风吹拂下，似乎在向他频频招手致意。他牙痛得一夜都没睡好。面无血色，心情沮丧。他强忍疼痛，打起精神来。他默默地在心里说："今天无论如何不能扫了大家的兴。"

7时许，一辆装饰华丽的四轮马车驶来，迎接安徒生到市议会大厦。安徒生神情恍惚地上了马车，坐在柔软的沙发座位上，半侧身倚在靠背上，闭上眼睛养养神。突然，一阵欢呼声传入耳际。

他睁开眼睛，只见几百名少年儿童在缓缓行驶的马车两边，边跟着马车前行，边挥动小旗欢呼："好哇，安徒生！好哇！安徒生！"安徒生往前看去，议会大厦前面广场上，站满了人群。议会大厦上旗帜、彩带飘扬。啊！他一生中最伟大的日子来到了。

安徒生极力抑制激动的情绪，想让心情平静一些，可是怎么也做不到。如此盛大热烈的场面，他做梦也没有想到。前面不远的地方，他父亲就长眠在那右边教堂的贫民墓地里。再往前很远的地方，有他儿童时代住过的房子，他父亲、母亲、祖母要是活到今天，看到这种场面，那该会有多高兴啊！

载着安徒生的马车驶到议会大厦门口，停了下来。"好哇！安徒生，我们的民族诗人！"广场上的人群在欢呼，向马车涌过来。

不知是谁起了个头，响起了一片嘹亮的歌声："我出生在丹麦，这儿是我的家乡……"歌声此起彼伏，响彻广场。

此时，安徒生再也控制不住自己激动的心情，一行行热泪从他的脸上淌了下来。安徒生由人领着，走到议会大厦前的台上，面向广场坐下。

广场上又响起了一片激动人心的欢呼声。市长莫里尔发表高度赞扬安徒生的讲话。讲话稿短小精悍，热情洋溢。

讲话之后，莫里尔市长代表全市各阶层人民，向安徒生颁发“欧登塞市荣誉市民”证书。设计精美的烫金证书用红色天鹅绒彩带系着，给人一种神圣而伟大的感觉。

安徒生两手捧着这崇高而神圣的证书，向广场上的市民群众深深鞠躬致谢。

广场上又一次响起雷鸣般的掌声和欢呼声：“好哇！安徒生！好哇！安徒生！好哇！安徒生！”

安徒生眼含热泪，非常激动地向群众讲道：

> 我出生的这个城市给予我如此巨大的荣誉，使我振奋，又叫我不知所措。我不由得想起了神话中的阿拉丁，他在借助神灯的力量建立了他宏伟的城堡之后，走到窗前指着外面说：“我是一个穷孩子的时候，我在那里溜达过啊！”
>
> 上帝看得起我，赐予了我一盏智力的神灯——文学的才能。当它在远处闪亮时，当外国人民也看得见它的光辉时，当他们说“那光亮是从丹麦发出来的”时，我的心是多么愉快地跳动着啊！
>
> 我知道，我现在回到家乡来了。我有着许多同情我的朋友，但毫无疑问，我最大量的朋友是在有着我睡过的摇篮的这个城市里。
>
> 这个城市今天给予我如此大的荣誉和同情，授予我异乎寻

常的荣誉称号，我感到无比的激动。我谨此向大家表示我内心的无限感激。

安徒生简短而深情的讲话，再度激起长时间的热烈鼓掌和欢呼。主席台上的市长和著名人士分别和安徒生热情握手。安徒生感到异常的幸福和激动。

牙痛病虽然一直在折磨着安徒生，但是，这样激动的场面把他的注意力完全吸引过去了，他似乎把它忘掉了似的。

可是，盛大的仪式刚一结束，他已经痛得难以忍受了。牙痛病使他想起了《牙痛姑妈》童话里的那个面目可憎的干瘪老太婆来。她曾幸灾乐祸地说过："大诗人应该有大牙痛！不会让他白白地当大诗人的，为了这一切必须付出代价。"

安徒生来到主教团大厦。他告诉旁边的主教夫人，说他的牙齿痛得难以支持了。主教夫人领他到一间休息室休息一会儿。一进休息室，牙齿一阵剧痛，使他头晕目眩，一不留意，他的头撞到了枝形吊灯上了，因为他个子太高了。安徒生感到一种患病的预兆。主教夫人用凉水给他擦了擦前额，竭力安慰他。他的疼痛稍稍减轻了。

晚上，安徒生打起精神，出席议会大厅里的庆祝宴会。各阶层人士，有牧师、商人、医生、律师、教师、农民的代表，大家聚会一堂，向他表示祝贺。宴会大厅灯火辉煌、群情欢腾。

安徒生坐在首席。桌子上方立着他的半身塑像，塑像镶嵌在一个底座上，底座上有 3 个圆饰，上面刻着 3 个重要日期：1805 年 4 月 2 日，这是安徒生的生日；1819 年 9 月 4 日，这是他离开欧登塞去哥本哈根的日子；1867 年 12 月 6 日，这是他出生的城市授予他荣誉市民称号的日子。

大厅里又是致辞又是敬酒又是歌舞，十分激动人心。一个叫彼得森的著名商人言简意赅地讲了安徒生的生平故事。安徒生致辞说，这是他第三次来议会大厅，第一次是来看蜡像展览，第二次是一位好心的音乐家带他来这儿观看国王的生日庆典，第三次就是出席今天这个宴会。安徒生说，对他说来，这像是一个非常美好又非常真实的童话故事。

“但是生活本身，”安徒生结束他的致辞说，“是第一位的最美丽的童话故事。”

在宴会进行中，不断送来贺信和贺电。其中有国王和王后派专人送来的贺信，有哥本哈根大学的学生们拍来的贺电，有安徒生念中学时的斯拉格尔拉丁学校的老校长寄来的贺信等。这些贺信和贺电一一向安徒生做了朗读。

最后，安徒生做第三次致辞，说起他是如何感激他的最大的恩人柯林先生。这时，一群孩子走了进来，载歌载舞，热烈祝贺他们的这位敬爱的作家。人们把一把铺着长毛绒的椅子搬到最好的地方，让安徒生坐在上面观看孩子们的演出。

这时，安徒生的牙痛病又犯了，痛得难以忍受。一群穿红戴绿的孩子，围绕他唱歌跳舞。他们的歌声甜润清脆，舞步轻巧优美，个个那么天真活泼。

这场面使安徒生深为感动。他不顾牙痛，把一个孩子抱起来放在膝盖上，亲了亲他的小脸蛋，给他讲了一个童话。

这时，全市华灯高照，火炬游行开始了。几百人的队伍来到议会大厦前的广场上，有如一条火的长龙，热烈而壮观。这种盛况，是过去没有见到过的。

在欢庆的人群中，有一位白发苍苍的老寡妇，看到这种动人的景象，热泪禁不住从两颊刷刷地流下来。她认识安徒生的父母，想起他当鞋匠的父亲和为人家洗衣服的母亲，辛辛苦苦干了一辈子脏活累活，盼望儿子长大了有出息。今天的情况，他们是连做梦也不会想到的。他们要是活到今天，那该多好啊！

游行队伍行进在议会大厦前的广场上，安徒生走到宴会厅的窗前，从楼上注视着喜气洋洋的人群，探出头去，向他们挥手致意。群众手中的火炬，在夜空中显得越来越亮。

安徒生心潮翻滚，激动不已。他清楚地回忆起48年前，他母亲领他去一位老太太那儿算命的情景。算命的老太太说："你儿子会成为有名的人。总有一天，全欧登塞要张灯结彩来欢迎他。"安徒生在写《我的一生的童话》时，便把这件事写了进去。亲爱的乡亲们从书中知道了这预言，今天以如此隆重的方式把它变成了现实，真是使他感激涕零。

安徒生在故乡欧登塞一直停留到12月11日。他拜访了童年时代住过的房子，回忆和父母在一起的情景；他像一个孩子一样在童年时代玩过的园子里漫步；他久久地站在那孤独的醋栗树下沉思，当时他在用母亲围裙搭起的帐篷下看云彩飘浮、听鸟儿歌唱的情景，还历历在目。

安徒生又站在了母亲漂洗衣服的小河边上，看着母亲站着洗衣服的那块石头，想起母亲苦难的一生，心中像刀绞那样难受。昔日的那座磨坊还在，碾磨机的古老轮子像迎接老相识似的在转动着，溅起阵阵白色的浪花和飞沫。那座架在小河上、通往沼泽地的桥梁，依旧立在原来的地方，躬下身去似乎在向旧友致敬。

全市性的庆祝活动结束后，欧登塞的乡亲们还不愿意把庆祝的帷幕完全放下来。在安徒生逗留在欧登塞期间，他每天至少要出席十个不同人士、不同团体组织的集会。星期天在主教团大厦举行的集会，出席的知名人士达130人之多。他在故乡停留的7天里，为他举办的不同类型的集会出席人数在1000人以上。尽管牙痛、疲倦不堪，安徒生还是打起精神跟大家欢聚，不让大家扫兴。

安徒生离开欧登塞的那一天，车站挤满了送行的人们。群众不仅按传统欢呼"好哇！安徒生！"还欢呼"我们的诗人万岁！"朋友们还在他乘坐的车厢里，摆上一束束美丽的鲜花。

"请再来啊！"人们热情地高声喊道，"不要忘记你的故乡欧登塞！"

"谢谢你们！谢谢大家！代我谢谢全市乡亲们！"安徒生边说边擦眼泪，热泪止不住地流下来。

开车的汽笛声响了，火车缓缓地开动了。安徒生探出车厢，向欢送的人群挥手告别，他再次大声说：“谢谢，谢谢乡亲们!”他离别了乡亲们，但他那颗心却还和乡亲们在一起。

安徒生坐在车厢里，随手拿起他的一本童话集，翻了翻，翻到《丑小鸭》时停住了，脑海里浮现出这篇童话来。当丑小鸭变成一只美丽的白天鹅时，它从内心里发出一个快乐的声音：“当我还是一个丑小鸭的时候，我做梦也没有想到会有这么幸福!”这正是安徒生此时此刻的心情，他是那么的幸福，真是连做梦也没有想到啊!

童话大师安然离世

在安徒生的晚年，尽管身体状况不是很好，但他依然笔耕不辍。

1868 年，安徒生发表了《小小的绿东西》《树精》等 6 篇童话故事。还写了《童话的来源与系统》一文，对童话创作作了理论探讨与总结。1869 年，发表了《创造》《阳光的故事》等 6 篇童话和一部喜剧作品《西班牙人在此的时候》。

安徒生在童话里说，从前有一个年轻人，他渴望当一个诗人。可他又写不出东西来，觉得没有什么可写。他叹息道："唉，我们这个时代不是作诗的时代！我要是生活在中世纪，就会一帆风顺了。"

最后，他去请教别人，找到一个住在草场入口处旁边一间小屋子里的巫婆。这个老太婆比那些骑马坐车的显贵聪明得多。她明白这青年人的意思，知道他碰到了什么困难。她于是借给他一副眼镜和一个听筒。

这年轻人戴上眼镜和听筒，周围的一切都活跃起来了。世界上充满了各种色彩和声音，它们那么新鲜，那么多样。每件东西——马铃薯也好，野李子也好，蜜蜂窝也好……里面都是趣味横生的。大路上的过往行人，都源源不断地给他带来各种各样的有趣故事，一个比一个新鲜、生动。这位年轻人几乎要成为诗人了。可是，老太太把眼镜和听筒要了回去。这一下，他再听不见看不到任何值得注意的东西了。

这就是安徒生在童话《创造》里讲的故事。安徒生在 1852 年春天访问德国魏玛时，曾对作曲家李斯特谈到过：他对艺术也像对诗一样，主张三要素——智力、想象和感情。

这篇童话里讲到的"神奇的眼镜和听筒"，就是文艺创作时的想象，他用这个童话故事生动地讲明了文艺创作三要素中想象的重要性。俄国著名批评家杜勃罗留波夫曾高度评价安徒生写童话时的想象力，说他那被现实生活所激发的想象，“使想象富有诗意地带有幻想的性质”，它表露出一种可贵的童心，而又“并不用可怕的怪物和种种黑暗势力来吓唬儿童的意识”。

安徒生的童话读者越来越多，影响越来越大。他常常收到一些小读者的信，他们把读后的感受和对他的爱戴告诉他。一些外国小读者还很想见到他，可是他们的爸爸妈妈又无法带他们来见他。1869 年元旦，英国苏格兰的一位叫安娜·玛丽的小朋友给他来信说：

亲爱的汉斯·克里斯蒂安·安徒生：

我是那么喜欢您的童话，我很想去看您，但现在又去不了。因此，我先给您写这封信。等爸爸从非洲回来后，我就要他带我去看您。

我最喜欢您的一本童话书里的《幸福的套鞋》《白雪皇后》等童话。我爸爸是利文斯顿大夫。我把我的贺年片和爸爸的亲笔签名寄给您。

再见，祝您新年幸福！

您的诚挚小朋友安娜·玛丽·利文斯顿

丹麦评论界也越来越重视安徒生的童话了。这一年，批评家乔治·勃兰兑斯发表了一篇题为《作为童话作家的安徒生》的长文，认为安徒生已经成为儿童文学的经典作家。

1869 年，安徒生去法国旅行。在法国港口城市尼斯市过圣诞节。

当圣诞树上的灯全点亮了时，一起过圣诞节的一位绅士说：“我们从世界各地相会在这里。在我们中间有一个人，他使我们度过了许多幸福的时光。让我们以我们自己的名义以及孩子们的名义向他表示感谢吧！”

这时，在大家愉快的掌声和欢呼声中，一个小女孩把一个巨大的月桂花环套在了安徒生的脖子上。

安徒生于1870年3月份回到丹麦。回国后，他写了最后一部长篇小说《幸运的贝儿》。主人公贝儿是一个出身于穷苦人家的孩子，出生时嘴里衔着一个银匙子。他有着杰出的音乐舞蹈才华，长大后担任主角，演出他自己创作的歌剧《阿拉丁》获得巨大成功，在接受观众热烈鼓掌欢呼时，他心脏病突然发作，死在了舞台上。

这一年，安徒生还发表了《曾祖父》等3篇童话。

1871年至1873年，安徒生到挪威、意大利、瑞典等国旅游。

这几年，安徒生出版了最后一批童话集。其中有《舞吧！舞吧！我的玩偶》《园丁和主人》等一大批童话。

安徒生一直没有自己的住宅。这位不知疲倦的作家，长期以来不是住旅馆，就是住在朋友家。

此时，安徒生的身体越来越不好了，除了牙痛的老毛病外，还常常咳嗽，两腿浮肿。他患病的消息不胫而走，牵动着成千上万人的心。

1875年3月29日，著名雕塑家萨拜，把准备在哥本哈根市中心公园里建造的安徒生纪念碑的设计草图送来，征求他的意见。

图上画着这位童话作家，安徒生四周簇拥着许多孩子，有的孩子还趴在他肩上。

安徒生不赞成这个设计。他说："我的童话不仅是给孩子们写的，更是为成年人写的！"他激动地说，"再说，当我朗诵童话故事的时候，我是怎么也不会让孩子们爬到我肩上的。为什么要把根本不存在的事情设计进去呢？"

根据安徒生的意见，萨拜随后另外设计了一个纪念碑：安徒生坐着，左手拿着一本书，右手挥起来，正在向广大听众讲故事。

4月2日是安徒生的70寿辰。在生日的前一天，国王派华丽的专车把安徒生接到王宫，给他极其热情的祝贺，并再次授予他一枚勋章。

在寿辰那天，为安徒生举行了盛大宴会。宴会之后，他又被请到皇家剧院，观看了他的两出剧的专场演出。

在生日这天，安徒生还收到了许多礼品。其中有一份是用多种语言出版的伦敦《每日新闻》专号，上面刊登着传记作家威廉·托姆森写的专论：《〈母亲的故事〉，15 种语言出版》。专论赞誉安徒生说："这位诗人的羡慕者的圈子也许比当代任何作家都要大。"

在生日庆典之后，安徒生由于身体衰弱，再加上天气闷热，他不得不离开哥本哈根，到他的朋友的一个叫"憩园"的别墅去休养。

此时，安徒生已经病入膏肓了。无论是空气清新的别墅、海峡秀丽的风光，还是女主人的热情照顾，都不能使他转危为安了。

"没关系，不会病很久的，"安徒生向照看他的女友口授一封信给小约纳斯·柯林说，"等我身体好一些，我们还到别的地方旅游去。"小约纳斯心想，老人家的旅游计划未必能实现了。

安徒生一直卧床不起。6 月 19 日以前，他还能坚持写日记，尽管他身体已经很虚弱了。在这以后，他连亲手写日记的力量也没有了。到 7 月末，他连口授的力气也没有了。

8 月 3 日傍晚，安徒生发起高烧来，折腾了好久，眼前出现了种种幻景。后来，他心情轻松了，表情越来越安详。他睡着了。

8 月 4 日早上，安徒生还在熟睡，睡得很安静，能听出他平静的呼吸声。11 时起，他的呼吸渐渐微弱了，越来越微弱了，后来就完全停止了。这时，时钟指针指着 11 时 5 分。被誉为"童话大师"的安徒生离开了人世。

女主人在日历上记下了这么几句话：

> 这盏灯熄灭了。多么幸福的死啊！我们的亲爱的朋友在 11 时 5 分安息了。

安徒生的一生经历了无数的坎坷，但是他用毕生的心血浇灌了瑰丽无比的童话之花，这朵童话之花以它顽强的生命力永开不败，流芳世界。

安徒生是一个多才多艺的人。他不仅是一位文学家，也是一位剪纸艺术家。我们前面提到过的童话《小伊达的花儿》一开头写道："我可怜的花儿都已经死了！它们为什么要这样呢?"

小伊达问坐在沙发上的一个大学生，因为她很喜欢他。他会讲一些非常美丽的故事，会剪一些很有趣的图案：一颗有小姑娘在里面跳舞的心的图案、花朵的图案、和可以自动开门的大宫殿的图案。

这个大学生就是安徒生自己，他把自己写到童话里去了。他不仅会写非常美丽的童话，而且有着高超的剪纸艺术，是丹麦的一位出色的剪纸艺术家。

这里所说的一颗有小姑娘在里面跳舞的心的图案、花朵的图案、可以自动开门的大宫殿的图案，都是安徒生的剪纸艺术品。这篇童话后面还说，这些图案有时剪的是一个人吊在绞架上，手里捧着一颗心，表示他曾偷过许多人的心；有时剪的是一个老巫婆，把自己的丈夫放在鼻梁上，自己骑着一把扫帚飞行。所有这些剪纸艺术品，现在还完好地保存在欧登塞的安徒生博物馆里。

安徒生博物馆里收藏的安徒生剪纸艺术品共有 13 本之多。有的剪纸作品旁边，还有他留下的小诗。在一本剪纸簿里，安徒生写道：

在安徒生的剪纸里面
你会觉出有一些诗味！
他用一把剪刀剪出了
杂七杂八的有趣宝贝。

有一幅剪纸作品里，他简简单单的几刀，就把他一生中的大致经历剪出来了。这幅图案剪的是一个丑角头上顶着一个大托盘，同时两只手伸上去从两边支撑着那托盘。大概托盘上的东西太重了，压得丑角蹲下身子，张着嘴大口喘气。

托盘里从左向右排列五样东西：最左边是一幢二层楼的屋子，那是安徒生出生的地方；左边第二样东西是斯拉格斯的拉丁学校；正中是他度过童年时期的磨坊街附近的那幢水磨坊和上面的风车；最右边是由那只丑小鸭变成的白天鹅。这大概是他写童话《丑小鸭》或讲这篇童话时所作的剪纸，反映了他出生—幼年—童年—成年与成名的大致过程。

这幅剪纸图案是粗犷的，图案简单明了，但内容丰富多彩。有的剪纸作品的图案是复杂纤细的，把剧院、太阳、学校、教堂、演员、天使、小丑、树木、花草等组合在一张剪纸上。内容广泛，情趣横生。

他的剪纸作品相当多一部分是献给孩子们的。

安徒生喜欢儿童，爱护新生事物，爱护一切有生命的美的东西。

一次，他在德国旅行时，经过德累斯顿附近的一个叫马克辛的农村，发现一株被扔在路边的小落叶松树，它是那么小，简直可以装到衣服口袋里。他停住脚步，把它捡了起来。

"我可怜的小树啊，你要枯死了。"安徒生对陪伴他的女服务员说。

他随即看了看满是石头的四周，想找一个有土的石缝把它栽种在那里。

"大家都说我的手有运气，"他用手捧着小松树说，"也许这株小树能好好地长起来也说不定。"

在一块石头边上，他找到了一处有足够泥土的地方，把这株小树栽在了那里。又继续赶他的路。好长时间没有去想这小树。

"您栽在马克辛的那棵小树长得可好了。"三年后安徒生的一位朋友对他说。

下一次在德国旅游时，他又来到马克辛，见到了那棵小松树。人们管这树叫作"丹麦诗人之树"。

"这小树扎根了，长了不少，"他告诉他的朋友们，"因为它得到了我的那位朋友和女服务员的照顾，她后来又带了些泥土撒在它周围，小树长得可好了。她还把小松树旁边的一块石头搬走了。那空着的地方都是泥土了。”

“后来，在那棵松树旁边开了一条小路，在树旁竖了一块牌子，上面写着‘丹麦诗人之树’几个字。丹德战争期间，这棵树也没有受到损害。现在，有人说这棵树要死了，”安徒生继续讲述，“因为在它旁边长了一棵大白桦树。白桦树的巨大枝叶伸展在它上面，把阳光全遮住了，抑制它的生长。可是有一天，雷鸣闪电，猛烈的风暴把那棵白桦树连根拔起，而‘丹麦诗人之树’却安然无恙，仍然屹立在那里。我到马克辛去，看了我的那棵松树。在它前面竖立的那块‘丹麦诗人之树’的牌子，已经换成金属的了。”

安徒生讲起这件事来，像一个精心栽花植树的园丁那样高兴。

安徒生在他最后的一篇童话故事《园丁和主人》里，用朴素的笔描绘了一个勤劳、忠诚、坚韧，同时具有无比智慧和创造精神的园丁的形象。

这个叫拉尔森的园丁能种第一流的苹果和梨子，能种最鲜美可口的西瓜，他设法在园艺方面创造出一些特别好的东西来，而且事实上也做到了。

他园子里的花种得非常有艺术，使它们互相辉映，衬托出各自的鲜艳，他种出的睡莲花，那样鲜艳美丽，别人以为是从印度进口的。他种普通的朝鲜蓟开的花也是那么鲜艳出众，公主甚至每天要他送一朵到御花园里去。

别人认为不能在老爷府邸花园里种植的东西，他都种植了，根据各种植物的特点，分别种在阴处或有阳光的地方，用深厚的感情去培育它们。因此，它们都长得非常茂盛。连别人瞧不起的凤尾草、牛蒡、鼓冬、车叶草、铃兰花，一经过他的种植，也都长得十分好看。

他对大自然有着一种出自本性的爱。“拉尔森越老越感情用事起来，”主人说，“我们有了他，几乎要感到骄傲了！”但是主人并不感到骄傲，他们觉得自己是主人，可以随时把拉尔森解雇。不过他们没有这样做，这对拉尔森这样的人说来也算是一桩幸事。作者在童话的结尾说："是的，这就是'园丁和他的主人'的故事，你现在可以好好地想一想。"

这篇童话里的园丁，就是安徒生自己。

安徒生为我们这个世界培育了那么多美丽的奇花异草——创造了那么多优美的作品特别是童话作品。他不愧是一个伟大的园丁。

附　录

贫富不能决定命运，谁能付出，谁就有回报。自己才是命运的主宰。

——安徒生

经典故事

自任编剧导演

安徒生的父亲闲暇的时间很少，没有更多的时间陪他玩，所以便制作了一些木偶玩具。从此，安徒生就和木偶结下了不解之缘。

安徒生异想天开地成立了一个傀儡戏班，他用破布片缝了一些花花绿绿的衣服，把一个个木偶装扮成英俊的王子、美丽的公主、骇人的巫师、有钱的绅士。

安徒生又请父亲当这个戏班的顾问，自己任编剧和导演，演出各式各样的剧目。

从小就体谅祖母的艰辛

祖母非常喜欢安徒生，常常忍饥挨饿，用乞讨来的钱给他买糖果、玩具。

祖母每次来时，都尽量把自己装扮得体面一些，免得孙子看出她是在讨饭而难过。

但安徒生知道了实情，每当他从老祖母手中接过那些礼物时，心中都十分痛楚。但为了慰藉祖母，他故意装作非常高兴的样子。

祖母每次走时，他都依依不舍地送她很远很远。

参加监狱举办的舞会

安徒生记忆中的第一件事，并不十分重要，却非同寻常，深深地印在了他童年的记忆里。那是在欧登塞一座监狱里举行的家庭舞会，小安徒生胆战心惊地看着眼前的一切，就像巴黎的小孩子面对巴士底监狱。

父母认识那儿的狱卒，他邀请安徒生一家去吃晚饭。对安徒生来说，欧登塞监狱是那种描写有关盗贼和强盗故事的藏匿地。他常站在安全距离的地方，听里边的男男女女坐在纺车旁唱歌。

安徒生和父母一起去吃狱卒的晚饭。随着一串格格作响的钥匙声，巨大的铁闩大门打开又关上了。这里的楼梯十分陡峭。安徒生一家和狱卒吃着喝着，还有两个囚犯侍候着。没人能说服安徒生哪怕尝点什么，因为他根本就吃不下这丰盛的美味。

妈妈说安徒生病了，于是把他放在床上。但安徒生能听见附近纺车的嗡嗡声和欢快的歌声。他说不清它是在自己的想象里，还是在现实里。但有一点很清楚，那就是他一直都很紧张、害怕。不过，躺在那儿，想象着自己进入到一座满是强盗的城堡，倒是挺开心的。

父母抱着安徒生回家时，天已经很晚了。那是个狂风暴雨之夜，雨打在安徒生的脸上。

参加监狱里举办的家庭舞会，让小安徒生内心感受非常深刻。

原谅伤害过自己的人

安徒生早逝的爷爷，生前是小城里人人皆知的疯子，这一点是安徒生心灵上的阴影。

有一天，安徒生的同学萨拉以此来嘲弄他的幻想，使安徒生感到失落与沮丧。因此，在以后的日子里，安徒生便不再像过去一样，和萨拉在一起玩了。

第二天，一个磨坊主的儿子奥来揪着安徒生的头发嚷道："日安，公爵大人！你漂亮的城堡在哪儿呢?"

周围的人捧腹大笑。

安徒生的感情黯然退却。但在幻想中，他让自己在大火中救下萨拉，并接受了她的道歉。他甚至原谅了欺侮嘲笑他的奥来。

一天，奥来没有复习功课，他被罚手拿课本站在桌子上，安徒生和同学们都坐在桌子周围。

小安徒生设身处地地想象奥来被羞辱的处境，以至于被罚者还没有哭，他就哭出声来，并苦苦哀求老师原谅他的"敌对行动人"，让他回到自己的座位上来。

自从这件事发生之后，奥来对安徒生友好起来，甚至以他的保护者自居。他对同学们大声宣布："谁要是欺负小安徒生，我可不答应!"

令孩子倾心的童话大师

1847年，安徒生在荷兰的阿姆斯特丹旅游时，结识了诗人和小说家范·伦尼普，他写了两部非常精彩的小说，在荷兰文学中占有重要的位置。安徒生在范·伦尼普家被当作贵宾款待。

范·伦尼普的几位长得很漂亮的孩子，非常友好地聚集在安徒生的周围，他们读过他的童话集，特别是《红鞋》给其中一个孩子留下了十分深刻的印象。

这篇童话对他有着出乎意外的影响，因此他长时期一动不动地站在那里，凝视着安徒生。后来，他把那集童话拿给安徒生看，书上有一幅画里的鞋子被他涂成了红色。

接受批评

有一次，安徒生连夜写了一篇文章，自己越看越满意。他想，这次一定能得到芬凯罗太太的赞赏，她是个有学问的人，好不容易等到天亮他立刻去敲芬凯罗太太的门。

她家的仆人认为现在不应该打扰她，安徒生很生气，用无理的话顶撞了仆人。芬凯罗太太听到吵闹声，出来见了安徒生，看了他的文章。

文章写得不错，可她看到安徒生傲慢的态度，说："这样的文章，我让你如此满意吗？像你这样对自己已经很满意了，以后还会有进步吗？"

安徒生起先有点不知所措，后来终于明白了她的用心。以后，安徒生怀着谦虚的心广泛读书，不断写作，虽然常遭挫折，但从不灰心。

最终，他以丰富的想象力和生动的笔法，写出了一大批脍炙人口的动人故事，成为了家喻户晓的童话之父。

年 谱

1805年4月2日，安徒生出生于丹麦费恩岛欧登塞。

1811年，母亲把他送到一所非正规的初级小学。

1816年，安徒生11岁时，父亲过世。

1819年，安徒生独自离家到哥本哈根，寻求梦想。

1820年，因嗓子失声，被迫离开音乐家西博尼家。

1822年8月，安徒生发表作品《尝试集》，含诗剧及故事共三篇。此集子因其出身寒微而无出版机会，但引起文化界某些人士的注意。10月，进入中等教会学校补习文化，共读6年，期间练习创作诗篇和歌剧。

1827年，安徒生离开学校回到哥本哈根。发表诗歌，受到上流社会评论家的称赞，鼓起安徒生对写作的信心。

1829年，写出长篇幻想游记《阿马格岛漫游记》出版，安徒生因此从饥饿的压迫中解脱。此外，喜剧《在尼古拉耶夫塔上的爱情》在皇家歌剧院上演。同年出版第一本诗集。

1830年，初恋失败，开始旅行，第二本诗集出版。

1833年4月，进行第二次旅行。同年遭逢母丧。

1834年8月，第二次旅行结束回国，不久出版长篇自传体小说《即兴诗人》。

1835年，安徒生开始写童话，出版第一本童话集，仅61页的小册子，内含《打火匣》《小克劳斯和大克劳斯》《豌豆上的公主》《小伊达的花儿》共4篇。

1839年，开始接受政府的艺术家荣誉年金，生活有了一定的保障。

1840 年 8 月，《没有画的画册》出版，成为最受欢迎的作品之一。

1841 年 8 月，出版《诗人的市场》，大受读者好评。同年获皇家歌剧院荣誉席位。

1842 年，《牧猪人》等 4 篇讽刺童话出版。

1844 年，写出自传性作品《丑小鸭》。

1846 年，写出《卖火柴的小女孩》，出版《新童话集》，世界童话作家的地位确立。同年，普鲁士国王弗雷德里克·威廉授予安徒生三级红鹰勋章。

1852 年，开始以《故事集》书名出版童话故事。

1853 年，第二部《故事集》出版。

1854 年，出版有精美插图故事集，如《她是一个废物》等。

1867 年 12 月 6 日，安徒生被故乡欧登塞授予“欧登塞荣誉市民”称号。

1868 年，发表了《小小的绿东西》等 6 篇童话及戏剧《西班牙人在此的时候》。

1870 年，出版晚期最长的一篇小说《幸运的贝儿》。

1875 年 8 月 4 日 11 时 5 分，安徒生因肝癌，逝世于朋友的乡间别墅。丧礼备极哀荣，享年 70 岁。

名　言

●旅行就是生活。

●旅行是恢复青春活力的源泉。

●生活本身就是一个最美的童话。

●清白的良心是一个温柔的枕头。

●黑暗而沉重的日子，都是生活赐予你的幸运。

●友情不是单纯的，是融在情与意中的一种感觉。

●一个人必须经过一番艰苦奋斗，才会有所成就。

●凡是能冲上去，能散发出来的焰火，都是美丽的。

●只要你是天鹅蛋，就是生在养鸭场也没有什么关系。

●你必须先经受很多痛苦，只有这样，你才能真正实现自我价值。

●贫富不能决定命运，谁能付出，谁就有回报。自己才是命运的主宰。

●希望之“桥”就是从“信心”这个字开来的，而这是一条把我们引向无限博爱的桥。

●人不分贫富贵贱，生命中都隐藏着一根脉络，证明我们是人类大家庭中的一分子。

●信心是又弱又细的线，很容易拉断；但在灰心的时候，它也能将你抛向高空，使你重获生机。

●出身对于一个人的成长很重要，但它不是决定因素。逆境更能激发人的斗志，更容易出英才。

●四季的交换是自然界的规律，我们也只能谨守，不过只要有心，无论酷暑还是严寒，都能给我们带来无尽的收获。

●有了一些小成绩就不求上进，这完全不符合我的性格。攀登上一个阶梯，这固然很好，只要还有力气，那就意味着必须再继续前进一步。

●给别人一份责任和帮助就是给自己快乐，有一颗宽广的心灵，就可以容纳生活的酸甜苦辣，就能在别人困难时和他站在一起，就能在别人悲痛时和他站在一起。前者是勇气，后者是同情，两者都会使自己和别人获得力量和幸福。

图书在版编目(CIP)数据

安徒生 / 刘亚伟编著. —北京:中国社会出版社,2012.6
(2022.6 重印)
(世界名人非常之路)
ISBN 978-7-5087-4064-5

Ⅰ. ①安… Ⅱ. ①刘… Ⅲ. ①安徒生,H.C.(1805~1875)-生平事迹 Ⅳ. ①K835.345.6

中国版本图书馆 CIP 数据核字(2012)第 105605 号

出 版 人:浦善新　　策划编辑:侯　钰
责任编辑:侯　钰　　封面设计:张　莉

出版发行:中国社会出版社　　地　　址:北京市西城区二龙路甲 33 号
邮政编码:100032　　编 辑 部:(010)58124867
网　　址:shcbs.mca.gov.cn　　发 行 部:(010)58124866
经　　销:各地新华书店

印刷装订:北京华创印务有限公司　　开　　本:170mm×240mm 1/16
印　　张:13　　字　　数:200 千字
版　　次:2012 年 6 月第 1 版　　印　　次:2022 年 6 月第 4 次印刷
定　　价:49.80 元

中国社会出版社微信公众号　　中国社会出版社天猫旗舰店